中流危機

NHKスペシャル取材班

JN052976

講談社現代新書

2716

【プロローグ】稼げなくなった中間層

かつて「一億総中流社会」と言われた日本。戦後、日本の経済成長を支えたのは、企業で猛烈に働き、消費意欲も旺盛な中間層の人たちだった。しかし、バブル崩壊から30年が経ったいま、その形は大きく崩れている。

中間層の定義はさまざまだが、複数の専門家は、日本の全世帯の所得分布の真ん中である中央値の前後、全体の約6割から7割にあたる層を所得中間層としている。その中間層の所得がこの25年間で大幅に落ち込んでいる。２０２２年７月に内閣府が発表したデータでは、１９９４年に５０５万円だった中央値が２０１９年には３７４万円。25年間で実に約１３０万円も減っているのだ（次ページ図）。この間、単身世帯や高齢世帯の増加など、世帯構成も変化しているため、単純比較はできないものの、この25年間で中間層は確実に貧しくなっている。

もはや、日本はかつてのような「豊かな国」ではなく先進国の平均以下の国になってしまった。豊かさの目安となる一人あたりの名目国内総生産（ＧＤＰ）をみてみると、１９９５年には、ルクセンブルクやスイスに次いで、世界で３番目の水準にあったものが（Ｉ

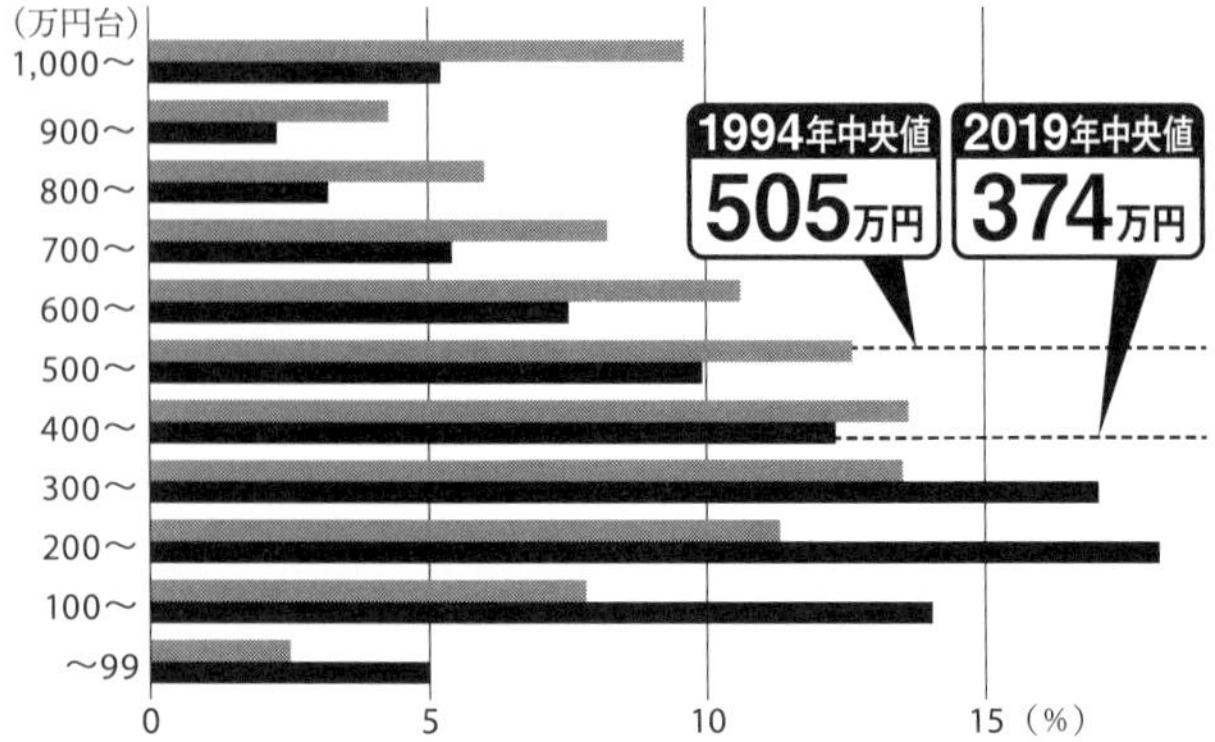

全世帯の所得分布（内閣府『令和4年度　年次経済報告』より）

ＭＦ統計、国連統計では第6位）、内閣府が２０２２年12月23日に発表した国民経済計算年次推計によると、経済協力開発機構（ＯＥＣＤ）加盟国38ヵ国中20位に急降下している。

〝中流〟と思えない

２０２２年9月に放送した『ＮＨＫスペシャル　〝中流危機〟を越えて』では、中間層が危機に置かれている実態を探った。

今回、ＮＨＫは、政府系の研究機関「労働政策研究・研修機構」（JILPT）と共同で、全国の20代から60代の男女を対象にインターネットで調査を行い５３７０人から回答を得た。まず、「イメージする〝中流の暮らし〟」について複数回答で聞いたところ、回答者のおよそ6割が「正社員」「持ち家」「自家用車」などを挙げた。そのうえで「イメ

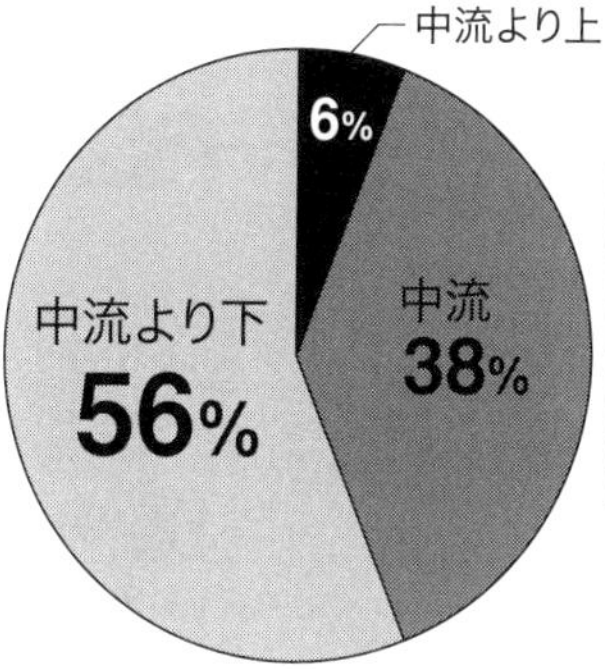

正社員として働いている	63%
持ち家に住んでいる	61%
自家用車を持っている	60%
趣味にお金をかけられる	53%
年に一度以上**旅行**に行ける	49%

「イメージする〝中流の暮らし〟」（右）と「イメージする〝中流の暮らし〟をしているか」（NHK 労働政策研究・研修機構 共同調査　回答5370人）

ージする〝中流の暮らし〟をしているか」を尋ねると、「中流より下」と答えた人の割合は56％にのぼった。かつて日本人の多くが追い求めることができた〝中流の暮らし〟がもはや当たり前ではない。そんな時代を映し出すような結果となった。

　多くの人が〝中流〟の象徴と考える「正社員」だが、その収入はこの20年あまりで大きく落ち込んでいる。労働政策研究・研修機構によると、大卒正社員の生涯賃金は１９９３年は男性で３億２４１０万円だったが、２０１９年には２億８７８０万円に、女性は１９９７年に２億７７５０万円だったのが、２億４０３０万円となり、男女ともにピーク時に比べて３５００万円以上減少したと推計されている（次ページ図）。

　正社員よりも、さらに「生涯年収」が低いと推測されるのが非正規労働者だ。パートタイマーや

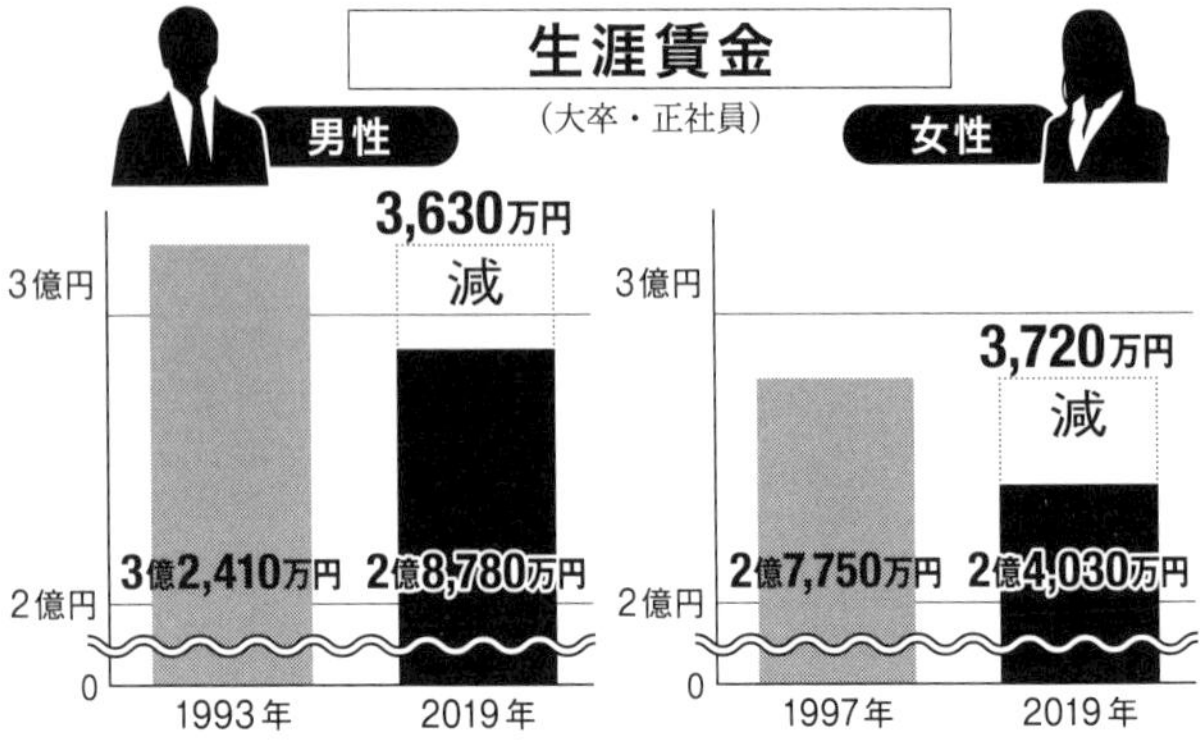

同一企業型生涯賃金の推移（労働政策研究・研修機構）

派遣労働者など非正規で働く人の数は２０２２年時点で２１０１万人。働く人の36・９％が非正規だ（厚生労働省「非正規雇用」の現状と課題より）。

賃金が減ると、必然的に消費など日々の生活に回せるお金も少なくなる。労働政策に詳しい第一生命経済研究所の星野卓也主任エコノミストの試算によると、家庭の可処分所得は顕著な減少傾向にあるという。

可処分所得とは給与から社会保険料や税金などを引いた、いわば自由に使えるお金を指す。「40代男性で、専業主婦の妻と小学生の子ども２人」４人世帯の可処分所得を調べてみると、１９９０年が５７６万円だったのに対して、２０２０年では４６３万円となり、年間で１１３万円（約20％）も減少していた。２割も使える金が減れば、個人消費が低迷するのも当然だ。

バブル崩壊以降、日本企業は、グローバル化やIT技術の革新といった、新たな潮流に遅れをとってきた。企業が稼げなくなると、賃金が上がらず、消費が落ち込む。すると企業はさらに稼げなくなり、賃金も一層上がらない……こうした〝負のスパイラル〟が長年続いてきた。このスパイラルは、〝不治の病〟のごとく、四半世紀にわたって日本経済を蝕み続け、いつしか〝稼げない中間層〟が固定化するに至った。

日本の中間層はなぜかくも貧しくなったのだろうか。そして、負のスパイラルから抜け出すために、国や企業、そして個人はいったい何ができるのか。日本人と日本経済を蝕む「中流危機」の病巣に迫り、再生への処方箋を探った。

目次

第1部　中流危機の衝撃

バブル崩壊後に起きた日本経済の長期にわたる低迷は「失われた20年」と呼ばれた。しかし、バブル崩壊から20年以上経ってなお、日本経済は低空飛行を続けている。2013年には、「大胆な金融政策」「機動的な財政政策」「民間投資を喚起する成長戦略」の〝三本の矢〟を掲げる「アベノミクス」が始まったが、10年経っても、GDPや実質賃金の伸びはぱっとしない。いつしか「失われた20年」に代わり、「失われた30年」という言葉が、人口に膾炙《かいしゃ》するようになりつつある。

こうした長期低迷のしわ寄せが及んだのは、バブル崩壊後に社会人になった世代だ。右肩上がりだった賃金は伸び悩み、かつて当たり前だったマイカーや持ち家、海外旅行は徐々に縁遠いものになっていた。もっとも割を食ったのはいわゆる「就職氷河期世代」。概ね1993年から2004年に新卒で就職活動を行った人たちだ。苦難の時代を歩んできた彼らは、正社員になれず、アルバイト、派遣社員、契約社員などとして職を転々とするフリーターや、通学や求職活動もしないニートなどが、他の世代よりも多いといわれる。

さらに20〜30代の若い現役世代のなかには、もはや「中流」になることを半ばあきらめてしまう人が増えている。NHKと労働政策研究・研修機構が行ったアンケート調査では、20歳から34歳を対象とした、「親よりも豊かになれるか」という設問に対して、34％の回答者が「豊かになれない」と回答した。その回答者に、「努力をすれば誰でも豊かになれる

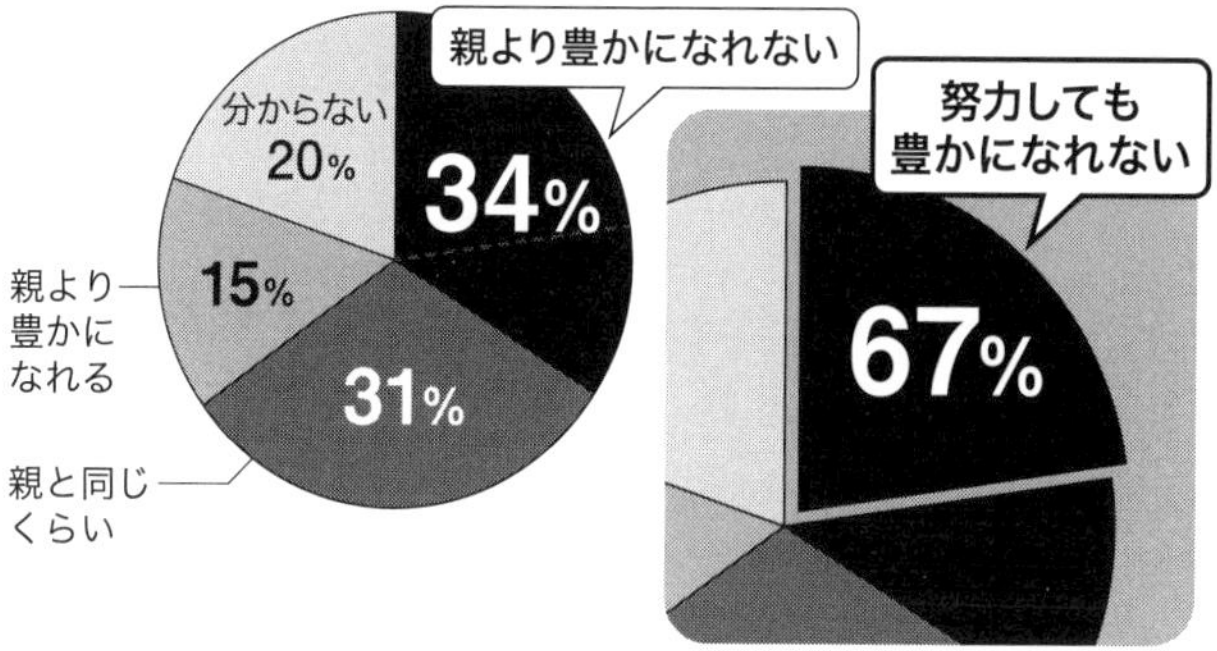

20〜34歳を対象とした「親よりも豊かになれるか」という設問に対して、34％が「豊かになれない」と回答し、そのうちの67％が努力しても「豊かになれない」と答えた
（NHK 労働政策研究・研修機構 共同調査　回答1120人）

か」という設問を重ねて行ったところ、「努力しても豊かになれない」と答えたのは67％に上った。かつて日本人が信じた「一億総中流社会」は、現代の若者たちには非現実的なものになりつつあるようだ。

私たちは、アンケート調査では読み取れない生の声を聞き取るために、20〜50代の働く人１００人以上に直接話を聞いて取材したが、かつて当たり前のものだった「中流の暮らし」は高嶺の花となっただけではなく、将来に対して希望を失っている人がことのほか多いことを知って、衝撃を受けた。

定年を前にして十分な蓄えを作ることができず、老後に不安を覚える50代の夫婦、コロナ禍の手取り収入激減でマイホームを泣く泣く売却した20代夫婦、いっこうに増えることのない給料に嫌気がさして、会社に見切りをつける若者たちなど、私たちはさまざまな悲痛な声を耳にした。

一方で、かつて世界最強と呼ばれた日本企業のほうも「失われた30年」でその輝きを失ってしまった。長期にわたるデフレ不況が続き、非正規雇用を拡大、徹底的な経費節減で過酷なコスト競争を続けている。そうしたなか、取材から見えてきたのが、日本独特の雇用システムの限界だ。

かつて日本企業は、新卒一括採用、年功賃金、終身雇用、福利厚生などの制度で、従業員の人生を、ときに退職後も含めて手厚く面倒をみてきた。〝一億総中流社会〟を支えてきた、いわば「企業依存型」ともいえる雇用システムだが、こうした制度を続ける余力のある企業は少なくなり、企業と従業員の関係性は大きな曲がり角をむかえている。

第1部では、日本の家庭や企業のいたるところで起きている「中流危機」の現実をレポートし、背景にあるその構造的な問題に迫っていく。

第１章　幻想だった中流の生活

想像と違った現実の〝中流〟

「生活が悲惨な感じでもなかったけど、〝中流〟の定義が自分の中ではもうちょっと上のイメージでした」

正社員として30年以上働き続けてきた55歳（取材当時、以下同様）の夫と暮らす妻はこうつぶやいた。夫婦は都内郊外に住む小沢清さん（仮名）と恭子さん（仮名）。20代の時に結婚して、3人の子どもに恵まれ、都内郊外にマンションを購入した。しかし、かつては右肩上がりだった清さんの給与は徐々に下がり、現在の年収は約500万円で貯蓄は約1000万円。一方、住宅ローンの残りはおよそ900万円もある。ローン返済のために定年後も働き続けるしかないと考えている。

小沢さん夫婦と出会ったのは2022年に放送したNHKの朝のニュース番組、『おはよう日本』の〝沈む中流〟特集がきっかけだった。特集では、この25年で日本の所得全体が沈み込んでいることに着目し、さまざまな家庭の実情をシリーズで伝えてきた。とりわけ注目したのは、中間層の象徴ともいえる「正社員」の人たちだ。残業代がなくなり、給与が激減してマイホームを手放した人、正社員から業務委託契約への切り替えを突然会社から迫られ、安定収入がなくなる不安を抱く人、退職金が想定よりも少なく、思い描いていた定年後の生活が送れなくなった人、夫婦共働きであっても借金をしないと子どもを進学させられない人――そこには〝安泰だ〟と思われていた「正社員」の暮らしがさまざまな形で脅かされている現実があった。

これらの放送には大きな反響があり、私たちはさらに取材を進めようとインターネットで今の暮らしに関するアンケートを行った。回答には2000件を超える声が寄せられ、私たちはひとつひとつ目を通した。その自由記入欄に厳しい現状や将来への不安な思いを包み隠さず書き込んでくれたのが小沢さんの妻、恭子さんだった。

アンケートを読んで小沢さんに電話すると、恭子さんが「かつては毎年、夫の給与が最低でも1万円上がっていたのに、今はまったく上がらず余裕がない」と切実な声で話してくれた。

取材への協力をとりつけ、私たちは、小沢さんの自宅を訪ねた。小沢さん夫妻は、都内郊外の駅から徒歩7～8分ほどの6階建てマンションの3LDKに住んでいた。清さんと恭子さんは20代で結婚して子どもが生まれ、35年ローンで約4000万円のマンションを購入し、以来、この部屋で暮らしてきた。決して広くないが、きれいに整頓されたリビングには、食卓テーブルとソファやテレビがあり、ごくごくありふれた中流家庭の自宅のように見えた。

上がらぬ正社員の基本給

清さんは高校を卒業後、自動車関連の会社に正社員として就職した。バブル絶頂期だった22歳の時に高校のクラスメイトだった恭子さんと結婚し、長男、長女、次女の3人の子どもにも恵まれた。そして27歳の時に家族で暮らすマンションを購入した。夏休みや正月休みなどには毎年必ず、子どもたちが望む観光地へ旅行に行き、思い描いていた生活を送っていたという。当時は毎年、基本給もボーナスも上がり続けていた。清さんは当時について「結婚したときは景気がよくて給料がどんどん上がっていく時代で、先は心配していなかった」と振り返る。

しかしその生活は長くは続かなかった。日本経済が低成長の時代に入るなか、給料が伸びなくなったのだ。清さんは30代の半ばごろから基本給が上がらなくなった。入社当時から給与明細をすべて保管していた清さん。かつてと今の給与明細を見せてもらうと、基本給はこの20年で5万円しか上がっていない。

恭子さんは「当時、夫の給与は上がる一方しか考えていなかった。まさか上がらないなんて想像もしていなかったですね」と、明細を見比べて、ため息をついた。

それでも、清さんは業績によって成果給を得られる営業部に自ら希望して異動し、多い時には年収が７００万円あった。少しでも多く稼いで住宅ローンの返済や子どもの教育費に充てようという思いからだった。帰りは深夜になることも多く激務の日々だったが、家族のために「もっと稼がないといけない」と、仕事に勤しんだという。しかし、45歳の時、予想外の出来事が小沢さん一家を襲う。大黒柱の清さんに胃がんが見つかったのだ。当時の心境について恭子さんは「子どももまだ高校生で本当にどうしようかと思った」と話す。

幸い早期の発見で治療は成功し、完治したものの、体への負担の面もあり、営業部から社内での事務仕事に異動を余儀なくされた。そこで、ボディブローのように効いてきたのが、基本給がほとんど上がっていなかった現実だった。成果給がなくなった分、給与が少なくなるのは当然との覚悟はあったものの、想像以上に年収は大きく減少。毎月の手取り額は半減し、年収は５００万円台まで落ち込んだ。勤続37年になる清さんの現在の月の手取り額を見せてもらうと23万円。ボーナス込みの年収は約５００万円。派遣社員として働く恭子さんの年収約２５０万円と合わせて約７５０万円の世帯年収で家計をやりくりしていた。

収入減少で崩れた人生設計

贅沢できないまでも、正社員として働き、家族ができて、マイホームを購入。まさに日本人の多くが思い描いていただろう〝中流〟の暮らしをしていた小沢さん。しかし、基本給が上がらず、成果給もなくなり、給与全体が減ったことで、思い描いていた人生設計が崩れ始める。

その1つが住宅ローンの返済計画だ。約4000万円で購入したマンションの月々の返済は7万7000円で残りは約900万円。35年で組んだローンは、昇給に合わせて月の返済額を増やすなどして60歳で迎える定年までに繰り上げ返済する予定だった。しかし、その想定は崩れ去ってしまった。

現在、小沢さん夫婦の月々の手取りの収入は清さんの23万円と恭子さんの約20万円を合わせて40万〜45万円。一方の支出は、住宅ローン以外にも、教育ローン、家のリフォームローンなどで返済を多く抱えている。年々引き上げられる社会保険料や税に加えて、最近の物価高騰が追い打ちをかけ、食費や電気代、ガソリン代など日々の生活にかかる費用も増え、家計を圧迫している。その結果、毎月、小沢さん夫婦の財布に残るのは2万〜3万円程度だ。

さらに、55歳の清さんは翌年には役職定年を迎え、今後は月1万〜2万円ほど給与が下がる見込みだという。とても住宅ローンを繰り上げ返済する余裕はなく、5年後に定年退職をした後も、ローンを払い続けなければならない見込みだ。

子どもへの負担

基本給が上がらず、成果給もなくなり収入が大きく落ち込んだことは、子どもたちにも影響を及ぼしている。現在、3人の子どもたちはすでに独立して家を出ているが、小沢さんの収入が減り始めた40代半ば、長女と次女は進学を目指す高校生と中学生だった。理学療法士を目指していた長女は医療系の大学への進学を希望していた。しかし、多額の学費がかかることが分かり、諦めてもらわざるをえなかったのだ。それでも小沢さん夫婦は、進学を希望していた子どもたちの願いを少しでも叶えようと教育ローンを組んだ。当初は、全額負担するつもりでいたものの、子どもたちにも奨学金を借りてもらうことで、長女を大学、次女を専門学校に何とか進学させた。

恭子さんは当時、娘たちに「お金ないからうちらも出すけど、『借りてくれる?』」とお願いしたという。その教育ローンと奨学金の総額は2人合わせて900万円。子どもたちと折半して、返済することとなった。小沢さんは今も教育ローンを月2万円ずつ返済し続け、現在29歳で一児の母となった長女も奨学金の返済をしている。

1ヵ月前に第一子を出産したばかりだという長女は、取材中ちょうど里帰りをしていた。彼女に当時の話を聞くと「3人きょうだいで、貧乏だなと思っていた。中学生とか高校生ぐらいの時の親のケンカの内容が『お金がない』とか『また給料が下がった』という会話だったから」と苦笑いしながら話してくれた。一児の母親となり、これから育児にもお金がかかるようになる長女の奨学金の返済は、6年先まで続くという。

医療費まで切り詰めるように

住宅ローンの返済の計画が崩れたり、子どもたちにも教育費用を負担させてしまったりしたことは、小沢さん夫婦の人生設計からは想定外のことだった。しかし、影響はそれだけではなかった。収入の減少は小沢さん夫婦の現在の生活にも影を落としている。前述したように清さんは45歳の時に胃がんを患っている。完治したとはいえ、再発の不安を拭いきれない。年に一度は胃カメラでの検査を行っているが、さらに清さんは持病の糖尿病や高血圧も抱え、常に体を気遣いながらの生活だ。

私たちは、ある朝、清さんが食事の後、薬を飲んでいることに気づいた。4種類の薬を、栄養補給のサプリメントと一緒に飲んでいた。定期的に病院に行って診察を受け、薬を処方されているという。驚いたのは、清さんが本来であれば1ヵ月に1回必要な受診の頻度を、診察代を節約するために1ヵ月半に1回にしているということだ。それでも年間の医療費は13万円。大病を患っただけに、人一倍体には気を配りたい思いがありつつも、月々の家計をなんとか切り詰めようという思いが先行してしまうという。収入が減ったことで、命に関わる医療費にまでしわ寄せが及んでいた。

老後不安　体が動くうちに少しでも働きたい

5年後には定年退職を控えている清さん。いま夫婦が最も恐れるのが、老後の生活だ。前述したように、定年までに住宅ローンを繰り上げ返済するという当初の想定は崩れて、会社を退職した後も、数年はローンを払い続ける見通しとなっている。退職金での一括返済も考えてはみるものの、現在の貯蓄は100万円程度で、老後を考えると退職金はなるべく残しておかないと不安もあるという。定年後も働き続けるしかないと考えているが、再雇用契約では、時給払いでボーナスはなくなる見込みだ。どちらかが病気で倒れてしまったら、たちまち暮らしが行き詰まる可能性があるのだ。恭子さんは「どっちかが働けなくなったらどうしようもなくなる。破綻しますね」。清さんも「マンションも全部売らなきゃいけない」と住宅を手放さざるをえない最悪の事態も頭をよぎる。

こうした老後の不安から、恭子さんは体が動くうちに少しでも働こうと、いまの派遣の仕事に加えて、休日は引っ越しのアルバイトをしている。アルバイトで得られる手取りは月に2万〜3万円。現場は日によって違い、自家用車で出勤することもできるが、駐車場代がもったいないからと、送り迎えは土日が休みの清さんが行っている。

夏の暑い朝、出勤に同行させてもらった。朝7時過ぎに家族で朝食のトーストと目玉焼きを急いで食べると、清さんが運転する車でアルバイト先に向かった。この日の現場は自宅から車で20分ほどの駅近くの住宅。エアコンも取り外された引っ越し前の家では30℃を超え、その中で作業することも珍しくないという。移動中の車内で「大変じゃないですか？」と話を向けると、恭子さんから返ってきたのは意外な言葉だった。

「8時間ぐらいずっと動きっ放しで2日続くとさすがに体力的にきつかったっていう感じになりますけど、体力もまだあるので、動けるうちに働いて貯めておきたいんです。荷物を段ボールに詰めて片付いていく過程に達成感があるんです」と運転する清さんの横で、明るく答えた。

少しでも家計の足しにしたいという本音はありつつも、「前向きにやっている」と答えた恭子さんの言葉は、一家の大黒柱の清さんへの優しさではないかと感じた。現場付近に着くと恭子さんは笑顔で出勤していき、清さんは迎えの時間まで自宅で待機することになった。昭和気質な性格の清さんは恭子さんがいる前では口数が少なかったが、1人になったところで「ちょっと働き過ぎて体をどこか悪くしないかなっていう心配はあります。自分の収入がもっと高ければ、そこまでしなくていいのに苦労をかけている」と申し訳なさそうに語った。

働けるまで働くしかない

夫が正社員として勤め続ければ、家族の生涯が保障されると思っていた小沢さん夫婦。思い描いていた暮らしとは程遠い現実に直面している。さらに年金について試算してもらうと、年金を受け取る年齢にもよるが2人の受給額は合わせて月に15万〜16万円。将来的には、医療や介護にかかる負担が大きくなる可能性もある。小沢さん夫婦は定年後の悠々自適な暮らしは〝夢のまた夢〟で働けるところまで働くしかないと口を揃える。

恭子さんに、思い描いていた「中流」のイメージと自身の生活を比べて、どう感じるか改めて尋ねた。

「今は何とかやっていますし、これまでも、そんなに生活が悲惨な感じでもなかったけど、想像していた〝中流〟とはちょっと違っていた。旅行して、貯金もたくさんあって、早くローンが終わっていてとか……。〝中流〟の定義が、自分の中ではもうちょっと上のイメージだった」

それでも清さんには、なんとか「逃げ切った」ような思いがあるようだ。清さんは、私たちに度々「あと5年遅かったら、今の生活は維持できていない」と話していた。「あと5

年、家を買うのが遅かったら……」「あと5年、子どもが大学に行くのが遅かったら……」という言葉を繰り返した。

思い描いていた〝中流の暮らし〟ではなくなったとはいえ、購入したマイホームを維持し、子どもたちを育て上げたことはまさにギリギリだったのだ。高校を卒業してから35年以上1つの会社に勤め上げ、バブル崩壊やリーマンショックなど日本経済の変動を正社員として身をもって経験してきた清さんの言葉は重く感じられた。

夢のマイホーム　家族で長く暮らしていくはずが……

生活は楽ではないが、なんとか住宅ローンの返済のゴールが見えてきた小沢さん夫妻。一方、せっかく手に入れたマイホームを手放さざるをえない家庭もあった。

２０２２年８月。太陽が照り付ける真夏に、私たちは一人の男性と出会った。関東地方で暮らす松井康介さん（28歳・仮名）。建設会社で正社員として勤め、年収５００万円ほどを得ている。基礎工事の現場に出て働いているという松井さんの顔は、真っ黒に日焼けしていた。

最寄り駅から徒歩約30分に位置する松井さんの自宅は、築年数４年の庭付きの一戸建て。外壁や外構も真新しく、新築といっても通用するぐらいだ。家の中に案内してもらうと、妻、5歳の長女、4歳の次女、妻に抱っこされた9ヵ月の長男が、元気よく迎えてくれた。50坪の土地に4LDKの間取りで、1階は、リビングとダイニング、奥にはカウンターキッチンが広がっている。リビングの壁には、長女と次女が幼稚園で作った作品や絵が飾られていた。2階に上がると、おもちゃ部屋、小部屋、2部屋に仕切れる寝室と並ぶ。

「子どもたちが将来自分の部屋を持つことを考えて、この寝室は仕切れるように設計したんです。子どもたちが大きくなったら、この部屋はこうしようか、ああしようかと、2人で想像を膨らませていたんだよね」

康介さんと、妻のゆかりさん（25歳・仮名）は、お互いの顔を見合わせながら、教えてくれた。この家に夢が詰まっていることが、よく伝わってきた。

ゆかりさんは、慣れた手つきで家事をこなしていた。私たちが訪ねた休日の昼もカウンターキッチンに立ち、暑い夏にぴったりの冷やし中華を作り始めた。このキッチンの高さも、彼女の身長に合わせて注文したという。トマト、きゅうり、手際よく具材を切り分け、薄焼き卵を作り、中華麺を茹でていく。ゆかりさんの目線の先には、リビングで康介さんが3人の子どもたちと輪になって座り、折り紙に夢中になって遊んでいた。

「できたよ！　自分で盛り付ける？」

ゆかりさんの声に、遊んでいた長女と次女が食卓に向かって元気よく駆け出す。できあがった具材と麺を、自分たちの手で一生懸命に皿に盛り付ける子どもたち。その姿を、夫婦は温かく見守っていた。

「ここはいつも皆がいて、笑いが絶えないというか、楽しいとこですよ」

彼の言葉通り、一家団欒《だんらん》の食卓だった。

子どもたちの成長とともに、長く暮らしていく計画だった、夢のマイホーム。なぜ、手放さざるをえない事態に至ったのだろうか。

給料は「手当」頼みだった

4年前、康介さんは約3000万円の住宅ローンを組んでこのマイホームを新築した。住宅ローンの支払いは月に約9万円。車庫などにかかる外構費などのローンも合わせると月に約13万円を返済してきた。しかし支払いは徐々に厳しくなり、滞納を繰り返すようになったという。

「収入はこれくらい下がった感じです」

康介さんは、束になった過去の給料明細書を棚から取り出して、包み隠さず見せてくれた。新型コロナウイルス感染拡大以前の2020年春頃まで、月の手取りは約35万円前後だった。ところが同じ年の10月頃からは、手取りが10万円近く落ち込んでいる。少ないときは、約23万円と記載された月もあった。康介さんは明細書に目を落としながら、頭を抱え込んだ。

「これくらい極端に変わると、だいぶ影響は大きいですよ。月10万下げられちゃうと、もう正直どうしようもなかったな……ここまで落ち込むとは思ってなかったですね」

なぜ、ここまで収入が下がったのか。収入が減る前の給料明細書と見比べると、「現場手当」の額が、大きく下がっていることがわかった。「現場手当」は、現場に出た日数分だけ、日当として支給されるものだった。しかし新型コロナ感染拡大に伴い、関連業者などで感染者が出るたびに現場の作業が中断したため、康介さんが現場に出る日数は激減。手当分が大きく減り、収入を直撃したのだ。

誰もが想定できなかった新型コロナ感染拡大をきっかけに、康介さんは、自分の収入が「現場手当」に頼っていたことに気づいたという。実は収入が落ち込む前の康介さんの給料は、半分ほどが「現場手当」で占められていた。そして、その額が毎月「安定してもらえるもの」だと〝想定〟してローンの支払いを進めていた。しかし実際にはその給与体系は「安定感がなさすぎて、不安要素が多い」ことに気づかされたという。

一方の基本給は、入社当時から変わらず20万円のままだ。会社からは「給与は上がる」と言われていたが、期待していた昇給は叶っていない。

「基本給は上げてもらえるのかなと思っていましたよ。ただ現状4年変わらないから、もしかしたら変わっていかないのかもと思っていますけどね。今後も基本給が上がっていかないと、不安は拭えないですよね」

夫婦の会話――「お金」ばかりに

康介さんの収入が激減し、住宅ローンの支払いが滞るようになってからも、夫婦はこの2年間、なんとかやり繰りしながら支払いを続けてきた。月に必要な経費をノートに書いて洗い出し、何が節約できるか、2人で何度も話し合ってきたという。しかしその時間は、夫婦にとってだんだんと苦しい時間になっていったと、ゆかりさんが口を開いた。

「払えないどうしようとか、いくら足りないとか。借りに行くのもちょっととか。結局返さないといけないし。そんな話ばっかりで……」

「話していて疲れちゃうよね。ずっと話しているとね」

と、康介さんが続けた。

子どもたちの前では落ち込んだ姿を見せたくないと、なるべく明るく振る舞おうとしている印象が強い2人だったが、実際は、精神的にもかなり疲弊しているようだった。

「現場手当」の額は、一時期の減り具合と比べると徐々に戻ってはいるものの、この先、基本給が上がる見込みもない。焦りを感じながら生活することは「恐怖」となり、2人は、大きな決断をした。自宅を売却することにしたのだ。差し押さえられて競売で買い叩かれる前に「任意売却」で売ろうという、苦渋の決断だった。

おじいちゃんまで暮らしたかった

土曜日の夜8時。週6日勤務で働く康介さんは、この日も仕事で、帰宅したばかりだった。暑さと重労働のため か目は充血し、顔にも疲労の様子がみてとれた。作業着から私服に急いで着替えると、インターホンが鳴った。

「ピンポーン」

やってきたのは、不動産会社の担当者だった。食卓に案内し、康介さんは対面するように向き合って座った。

「ご自宅を1970万円で販売させていただいたところ、買い主様が見つかりましたので、本日はご契約という形でお邪魔させていただきました」

担当者は、不動産売買契約書を見せながら、新しい買い主の情報や、家の引き渡しまでの段取りについて、次々と説明していく。一通り終わると、担当者は告げた。

「そうしましたら、ご署名ご捺印に入りたいんですけど」

康介さんが、印鑑を取り出す。一呼吸置くと、売買契約書にサインし、そして印を押した。

自宅の売却が、正式に決まった瞬間だった。

任意売却といえども、家の売値は購入したときと比べると大幅に安い価格で、住宅ローンの残債は700万円近くとなった。

契約手続きが終わると、私たちは康介さんとゆかりさんに、いまの思いを尋ねた。

「本音を言えば、ずっと住んで、おじいちゃんになるまでと思っていたんですけど、そうもうまくいかないもので……しょうがないかな……」

康介さんは、どこか自分に言い聞かせるように、遠くを見つめながら、そう語った。

ゆかりさんの目には、涙が浮かんでいた。

「しょうがないですね……3人はほしいって考えて、3部屋作ったんだけどな……泣けてきちゃう」

涙をぬぐいながら、ゆかりさんは言葉を絞り出した。

この家で、子どもたちと長く暮らしていく計画は、叶わなかった。

「子育て」と「仕事」の両立――空回り

　自宅を引き渡す日が決まり、ゆかりさんは引っ越しの準備を始めていた。引っ越し先はまだ探している最中だったが、住宅ローンの残債もあるなか、支出は抑えなければならない。次の賃貸住宅は、いまよりかなり狭くなることを見越し、荷物を大幅に減らさなければならなかった。ゆかりさんが捨てるものと残すものを仕分けていると、5歳の長女が何かを訴え始めた。

「ダメダメ、ダメこれは」

　お気に入りだというジャングルジムのおもちゃにのぼり、「これは捨ててほしくない」ことを、必死に母親に伝えていたのだ。ゆかりさんは困った顔をした。

今回の引っ越しに伴うことだけでなく、これから子どもたちが成長するに連れても、我慢をさせてしまうかもしれない。そのことに、ゆかりさんは不安を抱いていた。

「これから小学生になって、習い事したいとか言われたらどうしようって。好きなことはやらせてあげたいし、あんまり我慢させちゃうのもなって思うし。ここからが勝負ですね」

　ゆかりさんは、母親としての葛藤を抱えていた。実は、住宅ローンの支払いが難しくなった背景には、出産と育児でゆかりさんの収入が途絶えたことも影響していた。マイホームを購入したときは、ゆかりさんはパートタイムで働き、「扶養の範囲内」である年収13

0万円まで稼いで、家計の「足し」にしてきた。その後、妊娠が判明。望んでいた第三子だった。出産と育児の間ゆかりさんの収入は途絶え、家計の「足し」どころか、康介さんの減収分を補うこともできなくなってしまったのだ。

出産後、ゆかりさんはなるべく早く仕事に復帰しようと、長男が6ヵ月になった頃から、再びパートタイムとして働き始めた。しかし3人の子育てと仕事の両立は、簡単ではないという。突然子どもが熱を出すことは、日常茶飯事。さらにコロナ禍で幼稚園の休園も発生し、思うように働くことができない日々が続いていた。住まいを手放さなくて済む方法はなかったのか、自宅の売却が決まってからも、ゆかりさんは葛藤しているようだった。

「悔しいですよね。もうちょっと何かできたんじゃないかなって思ったけど、めちゃめちゃ働けるわけじゃないし、子育てもしているし。働けたと思っても、やっぱり子どもの幼稚園の早退とかあると、思うようにいかないから。なんかもう、もどかしい」

親世代のような〝中流の暮らし〟は望めない

康介さんとゆかりさんにインタビューをしているとき、印象に残る言葉があった。

「家を持つのは、大変なんだなって勉強しました、ほんとに親たちがすごいなって思うもんね、今になって。子育てしながら家もちゃんと持っててさ、すごいなって」

康介さんもゆかりさんも、いつか自分の家を持つことは、さほど遠くない夢だったという。親世代は、前述した50代の小沢さん夫婦にあたる世代だ。28歳と25歳の2人からみると、親世代は、余裕はなくても、なんとか住宅ローンを返し、子どもが望む教育を受けさせることができていた、とみえているのだった。

康介さんとゆかりさんは、収入が下がったことが「想定外」だったとはいえ、家を手放さざるをえなくなったことについては「自分たちが計画不足で甘かったです」と、自分たちの責任として受け止めていた。

一方で、今回の松井さん家族の状況について『NHKスペシャル』で放送したところ、ツイッターの投稿には、

「この夫婦に『考えが甘い』って言うのは簡単だけど、夢すら見られない今の状況がおかしいよ」

「今の時代に残業代抜きの給料で住宅ローンが組めるんか?と思う」

「20代が辛い思いをしているのは、やるせないな。そしてその影響は子どもたちにも」

「若い夫婦がせっかく手に入れた家を売って賃貸住宅に引っ越しする。見ていて辛い。真面目に働く国民がこのような状況になっていることに心が痛む」

といった、共感の声があがっていた。

たしかに、本人たちが言うように夫婦に「計画の甘さ」があったのかもしれないが、分不相応の高い買い物をしたわけではない。親世代の〝中流家庭〟であれば、子どもを産み、マイホームを建てることは、〝手の届くところにある夢〟だったことだ。しかしそれから25年が経ち、いまの若者たちは、そもそも「夢すら見られない」という現実に直面していた。「賃金の右肩上がり」を一度も実感できない若者世代にとって、将来を見据えながら人生設計を立てることは、一層難しくなっていると感じた。

平凡な暮らしでいい

9月末、『NHKスペシャル』の放送から約2週間後、康介さんたちは新しいアパートに引っ越していた。新居を訪ねると「新たなスタートという気持ちで、頑張っていますよ」と、笑顔で迎え入れてくれた。

家賃は6万円ほどで、これまでと比べるとだいぶ部屋数も減り、3人育てるには少し手狭のようにもみえたが、「僕たちの身の丈に合っていますよね」と康介さんは答えた。2ヵ月前に出会ったときには生後9ヵ月で、立つ練習をしていた長男は、母親のゆかりさんをめがけて、すたすたと歩けるまでに成長していた。

これからどんな風に生活していきたいか、二人に尋ねるとゆかりさんと康介さんは、それぞれこう答えた。

「平凡な暮らしでよいよね。家族仲良く、笑顔で元気に、普通に暮らせたらそれでいい」

「あとは娘たちに嫌われなきゃいいかな、『パパ大好き』でいてほしいな（笑）。不安はある、不安はあるけど、やるしかないよね」

子どもたちが成人するまでは、夫婦で工夫しながら頑張っていきたい。先の見えない不安があるなかでも前を向いて一歩一歩、二人は進もうとしていた。

２０２３年現在岸田政権は、若い世代の所得を増やすことや、すべての子ども・子育て世帯を切れ目なく支援することを掲げ、政策を進めていくと表明している。具体的な政策として、一定の年収を超えると扶養を外れる、いわゆる「年収の壁」について制度を見直すことや、多子世帯などに配慮した住宅ローンの金利負担軽減策などを検討する方針を打ち出した。もしこれらの支援制度がすでに整っていれば、松井さん家族は家を手放さなくて済む方法もあったのではないかと、頭をよぎることがある。現場の声に耳を傾け、必要な人たちに必要な支援が速やかに届くことを願う。

〈コラム〉持ち家を失う、令和の中流家庭

プロローグで紹介したインターネット調査では「イメージする〝中流の暮らし〟」について回答者の61％が「持ち家に住んでいる」と答えた。「一億総中流」という言葉が生まれた高度成長期には「持ち家」は実現可能な目標だった。しかも当時は、経済は右肩上がりに成長し、賃金も上がり続けていたので、ローンの実質的な負担も減っていった。昭和60年代から平成にかけては、地価の上昇も背景に、賃貸アパート→分譲マンション→庭付き一戸建てへと住み替えていく「住宅すごろく」が現実に可能な時代だった。こうした残像が強く残っているのか、「中流＝持ち家」というイメージを持つ日本人は多い。

しかし、日本人の所得が伸び悩んでいる現在、〝中流〟の象徴だった「持ち家」に暮らすことは負担となり、むしろ家計を脅かす存在になりつつある。『おはよう日本』〝沈む中流〟特集に寄せられたアンケートの自由記入欄には、住宅ローンの負担の重さに苦しむ、切実な声が目に止まる。

「夫は会社員、私は派遣をしていたが、2人ともうつ病になり、夫は休職中、私は仕事を辞めた。今まで支払えていたものが、払えなくなった。今は住宅ローンを減額し

てもらっているが、その期限が迫っていて今後どうするか不安。子どもに窮屈な思いをさせているようで申し訳なく感じる」（求職活動中・世帯年収400万円台・夫婦子どもあり）

「倒産により転職し、所得がかなり下がった。食べていけるだけ幸せだが、住宅ローンが家計を圧迫している。収入が高い時に返済計画を立案したのがあだになった」（正社員・年収600万円台・夫婦子どもあり）

本章で紹介した松井さん夫婦のように、重い住宅ローンに耐えかねて、せっかく購入した持ち家を手放す家庭も近年増えている。私たちが取材した、任意売却を多数手がける都内の不動産会社には、近年「ローン返済に行き詰まり、住宅を売却したい」という相談が増えているという。2018年には約1500件だった相談件数は、2021年には1800件以上に増加。その多くが、会社員だという。住宅ローン返済が滞る理由でもっとも多いのが「収入が減った」（約43％）、次いで「病気」（約19％）、「離婚」（約16％）と続く。

担当者は最近の傾向を次のように説明する。

「最近は、残業手当やボーナスがなくなって、収入が減ってしまったという方を、大変多く見受けますね。住宅ローンは家計の支出の中でも一番大きい割合を占めていると思うので、収入減少による歪みで返済が滞るということは、ケースとしてはよくあ

ります ね」
マイホームの購入は、「人生で一番大きな買い物」とも言われている。残業手当やボーナスが落ち込む場合も想定したうえで、なぜ余裕をもった返済計画を組まないのだろうか、という見方もあるだろう。しかし実際は、松井さん夫婦のように、手当やボーナスを見込んだ収入でローンを組むケースが、大半だという。

日本銀行による異次元緩和により、住宅ローンの変動金利は0%台という歴史的な超低水準が続いており、「借入がしやすい」状況だ。毎月の返済額をみて「これなら返せるかもしれない」と、ローンを組むことに抵抗感が減る人も多いだろう。

しかし、リーマンショックのような大不況や新型コロナ感染拡大のようなことが起きれば、あてにしていたボーナスや手当が突然なくなる事態が起きる。今後、変動金利が上昇する可能性もある。そうした事態に直面したとき、〝中流の暮らし〟の象徴だった持ち家のローン返済が、逼迫する家計に襲いかかり、生活の根幹が揺らぐ危険性もあるのだ。

第２章　夢を失い始めた若者たち

若者の間で広がる投資・副業

近年、20～30代を中心に会社からの給料だけでなく、投資や副業などでさらなる収入の柱を作る動きが広がりを見せている。その要因として一般NISA・つみたてNISAの導入をはじめとした投資環境の向上や、リーマンショック以降の株価上昇傾向などの環境要因が専門家から指摘されているが、本当にそれだけなのか。

若者世代が実際に投資を始める直接的な要因は何なのか、それを探るため、東京と大阪で行われていた株や不動産に関するさまざまな投資セミナーを取材し、会場に訪れる20～30代の若者たちに話を聞くことにした。

セミナーの主催者たちを取材すると、ここ数年、将来の経済的な不安から投資を始める若い世代の受講者が顕著に増加しているという。

「受講者の若年化だけでなく、5年ほど前から公務員など、安定した収入を得られるとされていた職業の受講者が増えましたね。以前の受講者は、投資で一発当ててお金持ちになることをモチベーションとしていたのに対して、近年の受講者は将来の不安から投資を始める声が目立ちます」（不動産投資セミナーの主催者）

実際にセミナーを訪れていた20～30代の受講者たちの声を紹介しよう。

「現状の給料で生活はできているが、これ以上の給料アップは望めない。一方で物価は上がっており、相対的に貧乏になっていくことに将来の不安を感じた」（30代女性・製薬会社・正社員）

「共働きで家計を支えながら2人の子どもを育てることに限界を感じた。一方で、一人の給与で家計を支えることも難しいため、状況を打開したいと思い不動産投資を始めた。子どもたちがやりたいことをやらせてあげられるだけの収入があればいい」（30代夫婦・地方公務員）

「現状の手取りは雀の涙ほどで、今後給料がどれほど伸びるか分からない。老後の2000万円問題などを聞いたときに、ただ会社で働くだけでは不安だと思った」（20代男性・正社員）

それぞれ職種や年齢、生活環境は違えど、将来的な昇給が期待できないと感じている点で共通している。さらに受講者の中には、「昇給が見込めない」なかで、会社員として働き続けることに疑問を持ち始める人もいた。

「新卒で会社に入って、そのまま定年まで何十年も働き続けることが幸せなのか、ふと疑問に思った。会社からの給料に頼らない収入源を持つことで、将来的に会社勤めを辞めて趣味の写真を仕事として生活したいと思った」（20代男性・正社員）

「上司を見ていると、仕事の大変さと給料が見合っていないと感じた。転職をしても待遇が良くなるとは限らず、家族もいるなかでそのようなリスクは取れないと考えた。一方で株式投資は勉強することで不確定要素をコントロールでき、投資先やタイミングを分散させることでリスクも減らせる。将来的には投資の利益だけで家計を支えて早期退職したい」（30代男性・地方公務員）

投資セミナー参加者への取材を通じて見えたのは、「正社員として働き続けた先に豊かになる」という安定した将来設計が描けなくなる中で、それぞれの理想とする将来像とのギャップに悩みながらもがく若者世代の姿だった。

私たちはセミナーで出会った一人の受講者に密着取材を行った。

「資産形成を続けているが豊かな生活は目指さない」

2022年7月の平日の昼下がり、待ち合わせ場所の新宿のカフェにやってきたのは、青木和洋さん（仮名・29歳）。食品加工会社の正社員として働く傍ら、2年前から株式投資をはじめ、すでに1000万円ほどの資産を築いているという。だが、こちらが想像していた姿とは異なり、いたって普通の若者だった。

投資の先にどんな生活を見据えているのか尋ねると、青木さんは、豊かな生活を目指して投資をしているわけではまったくないという。

「毎月20万円の収入があれば良いんです、最低限の生活さえできれば。自分の収入で車を買ったり、家を買ったりすることは現実的には無理だと思うので。今はそれよりも、サラリーマンを辞めて、自分の好きなことだけして生きていくことを目指しています」

聞けば、投資を始めた当初は豊かな生活を目指していたという青木さん。しかし、2年にわたり投資を続けるなかで、自らの仕事に対する考え方、人生に対する考え方も変わっていったというのだ。

どれほど努力しても給料が上がらない

食品加工会社の正社員として4年間働いてきた青木さんの手取りは毎月約18万円。入社以来、その額はほとんど変わっていないという。職種は法人営業。入社当時は営業成績を上げればその分給料も上がると考え、新商品の提案などを行い、積極的に仕事に取り組んでいた。しかし、成績を上げても思うように給料は上がらない。そんなとき、先輩から言われたある言葉がきっかけで、青木さんは会社で努力をして給料を上げることを諦めた。

「うちの会社、本当に給料上がらないよって。そういう話を聞いて、ああ、そうなんだなと。努力しても給料は上がらない、月収が18万円のままだと、結婚も実家から出て一人暮らしすることもできない。本当にこのままでいいのかなと感じるようになりました」

なんとか収入を増やさないと、目指す生活水準を実現できない。そこで青木さんは給料以外の収入を得るため、株式投資とブログ作成を始めた。

それぞれを始めてから1年で、株では190万円の利益、ブログの広告収入では毎月1万円ほどの収入を得られるようになった。『努力した分だけ収入が増える』、副業への手応えを感じる一方で、どれだけ頑張っても給料が上がらない会社での仕事との差を感じ、次第に仕事を続ける意味自体にも疑問を抱くようになったという。

「(会社からの給料は) 1年間頑張って3000円上がるとかだと思うんですけど、ブログであれば1年間頑張って、ゼロから毎月1万円入るようになった。サラリーマンだと、給料なかなか上がらないし、時間もすごい拘束される。やりたくもない仕事をして給料をもらっても、本当に幸せなのかな……」

生活水準は高くなくても仕事から解放されたい

青木さんは現在、投資とブログで、給料とは別に毎月20万円の収入を安定的に得ることを目標にしている。それを達成した際には会社を退職し、趣味のダーツに打ち込む日々を送りたいと考えている。

投資費用を捻出するために、交際費を節約しているという青木和洋さん（仮名）（写真右から2人目）。学生時代からの友人関係も断ち切っているという（©NHK）

目標達成にかける青木さんの節約生活は隅々まで徹底されている。まず、一円でも多くの資金を投資に回して利益を多く得るため、日々の支出は可能な限り圧縮。外食はほとんどせず、学生時代からの友人関係もほとんど絶ち、交際費もほぼゼロに。服や趣味への支出も限りなく減らすことで、現在は毎月18万円ある手取りのうち約10万円を投資に回している。

一方でブログの収益を増やすために徹底しているのは、仕事以外の時間の使い方だ。毎朝5時に起きてはブログ執筆に励み、片道1時間ほどある通勤時間や平日のアフター5はもちろんのこと、休日の時間もそのほとんどをブログ執筆に費やしている。休日に外に出ないことで、支出を減らす目的もあるという。

これほどまでに支出と時間を徹底的に管理す

る日々の原動力となっているのは、あくまで「仕事から解放されること」であり、「豊かな生活を実現すること」ではない。思い描いている理想の将来像について青木さんは、「40～50歳の（理想の）姿は、毎月20万円くらいの収入で、仕事は辞めていて、平日とかでも海行って、ダーツプロとしての活動もする。20万円くらい稼げていれば、（毎日）好きなことだけだったらそれでいいかなっていう感じはしますね。結婚もしなくていいし、そんな感じです」と語る。

親の生活水準には届かない

青木さんは、都内で両親と一緒に暮らしている。青木さん自身、一人暮らしをしたいという意志はもっているものの、18万円の手取りではなかなか都内での一人暮らしに踏み切れない様子だった。

青木さんの父親は74歳。現役時代に都内にマンションを購入。車を持ち、2人の子どもを大学まで進学させ、まさにかつての中流を象徴するかのような家庭だった。

取材中、青木さんの父親が息子と私たち取材班との会話の中で、過去を振り返る場面があった。

父　俺らの時代なんか、がむしゃらに働けばそれなりの給料はもらえた。残業代も含めて給料は上がる時代だったのね。それが今は違うじゃないですか。

――お父さん自身は若いときにどんな暮らしをしていましたか。

父　30代のころには、車も買ったたし、旅行もしたね。たいした贅沢ではないけれども、結構遊んでいたね。

――まさに今の青木さんくらいの年齢ですね。

父　うん、私が彼くらいの時は、あまり先のことをくよくよ考える時代じゃなかった。頑張れば何とかなる時代だったからね。

――青木さん、お話を聞いてどうですか。

青木　やっぱ今とは違うなって。今は（自分は）まったく想像出来ない……。

30年ほどで、父と息子の生きる時代は大きく変わってしまったようだ。

青木さんは父親のいない場所で、私たちにこうこぼした。

「普通に結婚して、マイホームを持っていて、車も持っていて、子どももいて。中流、まあ自分も、そういう風になっていくんだろうなと（昔は）思っていたんですけど。いまの会社入って、（自分の父親が）結構お金を持っているほうなんだ、というのを気付いた感じがして。今、本当、（自分が実現するのは）無理だなって思っているんで。やっぱり自分の生活水準に合っていない車とか、家とか、なかなか買えないですね。達成できそうなビジョンが見えない」

　努力をしてもいっこうに報われない会社生活への疑問は、いつしか「豊かになることへの諦め」になり、青木さんは、「正社員」を捨て、将来的に仕事をしない生活を目指すようになっていった。

キャリアアップの道が絶たれた非正規社員

　戦後長らく、日本経済は右肩上がりの成長を続けてきたが、バブルが崩壊した１９９０年代以降、長い下り坂をくだるような低迷を続けてきた。とりわけ深刻な影響が及んでいるのが、現役世代の多くを占める、いわゆる「就職氷河期世代」だ。明確な定義は存在しないが、概ね１９９３〜２００４年に学校卒業期を迎えた者を指す。浪人や留年などがない場合、２０２３年４月時点で、大卒で概ね41〜52歳、高卒で概ね37〜48歳になる。

　氷河期世代がキャリアを築き始めた10〜20代は、日本企業が人件費削減に追われて非正規雇用を増やした時期と重なり、数多くの人たちが長年にわたりその影響に苦しみ続けていることが取材から見えてきた。

現在、大阪市内の賃貸住宅に一人で暮らす小野真也さん（仮名・42歳・未婚）。派遣社員で、年間およそ470万円の収入を得ている。小野さんは、2022年に放送したNHKのニュース番組『おはよう日本』の〝沈む中流〟特集を見て、自身のキャリアや生活への苦悩を番組のアンケートに寄せてくれた視聴者の一人だ。こちらから連絡をとったところ、匿名を条件に取材に応じてくれた。

小野さんが、大卒で社会に出てから20年、もう今は人生に〝高望み〟をすることはなくなったという。

「まず置かれている状況に対して、いかに適応していくか。仕事や給料もそうかもしれない、家があったらとか、奥さんがいてくれたらとかは、もういっさい考えなくなりました。友達は少ない、彼女もできないっていう状況もある。考えても仕方のないことは、もう意識しないようにして生活するっていうのが、ここ数年のスタイルです」

子どもの頃からアニメ『機動戦士ガンダム』の大ファンだった小野さんは、大学で機械工学を専攻。自らの設計で大きなロボットをつくりだすことが夢だった。就職先は、大手の機械メーカーを志望していたが、就職氷河期の真っ只中での入社試験は思い通りにいかず、なんとか新卒で職を得たのは中部地方にある金型製造の中小企業だった。それでも小野さんは、この会社を足がかりにして、機械設計のスキルを高めてキャリアアップしていくことを目指していた。しかし、そんなキャリアデザインとは裏腹に、入社して間もなく、小野さんは躓《つまず》くことになる。上司のパワハラや有給を取得できない状況が続き、1年余りで退社することになったという。以降は、機械設計補助の業務を中心に、派遣社員として8社を転々としてきた。「パソコンで3Dの図面を描くとかいうのは当然で、複合型のコピー機とか、精算機とか、そういう機械の設計も担いました」。

リーマンショックのときは、いわゆる〝派遣切り〟も経験。派遣会社から何度も呼び出されては「あなたが悪いんだ」と退職を迫られ、やむをえず辞表を書いたという。住み込みの寮から追い出されたときは「正社員ではない派遣社員は、誰もキャリアを守ってくれないものなんだ」と痛感した。

小野さんが頭を悩まし続けてきたのは、正社員ではないために、人材育成や能力開発の機会を十分に得ることができず、キャリアアップの道を描くことができないという現実だ。

「(PCで設計図を作成する) CADのソフトが使えるだけで、ある程度給料がもらえるかというと微妙なところで、キャリアアップするには設計でも逆に指示をしなきゃならない立場になってきます。でも派遣だと、人をまとめてつくりあげていく仕事の経験を積めないので、どうしても必要なノウハウが欠けているっていうのが大きくあります」

終身雇用を選ばず、転職を通じて高い収入を得ようと努めてきた小野さんは、現在も、機械設計関連のマネジメント職（管理職）へのキャリアアップを目指しており、政府や自治体が行っている職業訓練も探しているが、求めているようなスキル取得のメニューはなかなか見つからない。働きながら受けられる訓練も限定されており、自立したキャリアを目指そうと努力しようにもそれに報いる仕組みのない、非正規社員にとって不利な社会だと感じている。

「危機感はありますね。（行政の）研修制度とか探してみたけども、ちょっと違いますね。伸び悩み層なのかなっていう、そんな気はしますね。いい方向に持っていかなきゃ、どうにもならない……」

稼ぎを増やしたくても、企業にも、国にも、頼れないと感じている小野さん。いま望みをかけているのは、就職氷河期世代向けの公務員の採用試験だ。２０２０年度から、国や自治体が実施してきた。学歴や職務経験は問われず、氷河期世代であれば、誰でも受験することができるというものだ。

小野さんが棚から取り出して見せてくれたのは、大量の参考書だった。公務員試験に備えて、専門学校の講座などに30万円以上を費やしてきたという。すべて自己負担で、公的な補助は出ない。

「初年度は17万円ぐらい払って、次の年は12万～13万円。ボーナス1回分ですよね。仕事

自費で専門学校の講座を受講するなど公務員試験対策をしてきた小野真也さん（仮名）。2023年5月時点ではまだ合格を果たせていない（©NHK）

から帰ってきた後も、一日2時間は勉強を頑張りました」

しかし、去年までに受けた6つの試験はすべて不合格。中には、競争率が200倍を超える試験もあった。

「自分の力ではどうしようもないこともあるし、考えていけばいくほどたぶん自分が下にしか見えないから、あんまり気にしないようにしてるっていうか、うん、そんな感じです、難しいな……」

国や自治体の氷河期世代向けの中途採用試験は、2024年度までは実施が予定されているが、それ以降も継続される保証はなく、キャリアアップへのチャンスは限られている。

正社員ではない非正規労働者がいまや全就労者の4割に迫ろうとしている日本。企業の多くが、一度採用した正社員の生活を最後まで保障するという「終身雇用」を維持しながら人件費を削減するために、使い勝手の良い非正規労働者を拡大してきた。

残念ながら、小野さんのケースに見られるように、多くの企業は、非正規労働者のスキルアップを十分に図る余力を持っておらず、当然のごとく、賃金は上がらない。「一億総中流」の時代には、多くの中間層が実現できていた、当たり前の人生設計が難しくなっている。政府系シンクタンクによると、2020年時点の男性の生涯未婚率（50歳時点で一度も結婚をしたことのない人の割合）は、28・3％。実に、この30年で5倍も増えている。企業からも、行政からも、必要な支えを得られなかった、現役世代の現実である。

〈コラム〉若者世代に広がる「仕事に対する価値観」の変化

「経済的に豊かな生活」よりも「仕事に縛られない自由な生活」を望む動きは、本章に登場した青木さんに限らず若い世代に広がっている。

ＮＨＫと「労働政策研究・研修機構」（JILPT）のアンケート調査で、「理想とする働き方・所得」について聞いた結果、「所得にこだわらず、負担の軽い仕事を選び続ける」「なるべく働かず、投資などの不労所得で生活していく」を選択した割合は、20代で約34％、30代でも34％と、全体でみれば多くはないものの、他の世代に比べて多くなっている（40代：25％、50代：19％、60代：12％）。

まさに、中流危機は次世代の若者たちの仕事や人生の価値観にまで影響を及ぼしているといえる。「同じ会社で長く働き続ける（終身雇用）」「転職を通じて、キャリアや所得を上げていく」という昔ながらの価値観を持つ若者が減り、「たとえ所得が少なくなっても、楽な仕事、あるいは最小限の労働ですませたい」という価値観を持つ若者が増えれば、日本社会における消費や生産能力のさらなる低迷につながることは想像に難くない。

第3章　追い詰められる日本企業

第1章と第2章では、賃金の伸び悩みで苦境に追い込まれている、令和時代の所得中間層の実態をレポートした。それにしても、なぜ、日本の〝中間層〟の所得は上がらなくなってしまったのか。その手がかりをつかもうと、私たちは賃金を支払う側の企業、中でも企業で働く人たちのおよそ7割を占める中小企業の取材を行うことにした。

日本の基幹産業である製造業を中心に、会社設立から30年以上が経ち（バブル経済を経験しており）、賃上げに難しさを感じている企業を取材対象とした。

過去の新聞記事や中小企業の経営者が運営する「中小企業家同友会」への聞き込みなどを通じて、候補となりうる企業をリストアップ。その後は対象企業のリサーチを一社一社続けていった。

ただ、賃金が上げられないといったネガティブな話題をメディアに取り上げられても企業にとっては何のメリットもない。直接話を聞かせてもらえたとしても、撮影交渉となるとさらにハードルは高く、案の定、企業探しは難航した。

何十社という企業にアプローチする中でいきついたのが、静岡県富士宮市にある佐藤工機だった。1968年設立。従業員250名。業務用や家庭用のエアコンの部品を製造している中小企業だ。社長は2代目の佐藤《さとう》憲和《のりかず》さん（58歳）。

1986年（昭和61年）法政大学工学部を卒業後、1988年（昭和63年）佐藤工機に入社。

1996年（平成8年）父から社長業を引き継ぎ、33歳で社長に就任した。現在は地元商工会議所の副会頭を務める。バブル崩壊以降の〝失われた30年〟をモノ作りの最前線で生きてきた人物だ。

佐藤社長は私たちの事前取材に対して「取材を受けることで我々のような下請けの中小企業を取り巻く、厳しい現状が少しでも伝われば」と会社の実情を包み隠さず教えてくれ、密着取材についても快く引き受けてくれた。取引先への影響や翌年の新卒採用のことなどを考えると、リスクのある取材だったはずだ。それでも「現状を伝えられたら」という佐藤社長の思いは、今回の取材の大きな支えであり、原動力となった。こうして、佐藤工機を舞台に、中間層の所得が上がらない手がかりを探る取材が本格的に動き出した。

極限までのコストダウン

2022年7月下旬。撮影初日。佐藤工機本社は、富士山の麓、静岡県富士宮市の南陵工業団地内にある。本社の駐車場からは富士山が一望出来るのだが、湿度が高い夏場は雲が多く、その全容を拝むことはなかなか難しい。この日も、晴れてはいたものの、山頂部分には分厚い雲がかかっていた。

最初の撮影は会議から始まった。本社の会議室、プレゼン用のモニターを囲むように佐藤社長、そして技術部、製造部、生産部、グループ会社など関係部署の部長級たち計10名ほどが集まっていた。佐藤工機の〝幹部会議〟である。この日の会議では、会社の命運を左右する重大なテーマが議論されていた。

取引先の大手電機メーカーから長年受注してきた製品に、中国メーカーが新たに参入。主に銅を原材料として製造する佐藤工機に対し、中国メーカーは銅よりも安いステンレスを原材料にして製造することで〝超スペシャルプライス〟を提示してきた。そのため、佐藤工機は、取引先からさらなる値下げを求められているという。突如現れたライバルメーカーにどう対抗するのか。自社の価格の限界値を探るために各部署でアイデアを出し合うというのが、この会議の狙いだった。

とはいえ、会社としてやるべき企業努力はすでにほとんど着手しており、これ以上どうやってコストカットを実現するかは、かなりの難題のようだった。「材料の厚みをコンマ数㎜薄くする」「パイプを曲げる角度を統一することで作業工程を1つ減らす」など、意見は挙がるものの、どれも〝小粒〟で、大幅なコストダウンを見込めるものではなかった。さらに、ロシアによるウクライナ侵攻の影響で、原材料である銅の価格は倍以上に高騰していた。そんな逆風の中、社員からは嘆きともボヤキとも取れる言葉が漏れる。

「最近、非常に銅が高いじゃないですか。新たな購入ルートを開拓してもっと安定して安くっていうのは検討できないものですかね。材料が占める割合ってめちゃくちゃ高くて……」

張り詰めた会議の空気から、今回の値下げがいかに難しいかがひしひしと伝わってきた。しかし、佐藤社長はそれでも値下げを断行しなければならないと考えていた。なぜなら、もし今回の受注を中国メーカーに奪われることになれば、関連する製品の契約まで一気に失いかねず、最悪の場合、会社全体の売り上げが2割以上も減ってしまう恐れがあるからだ。

長時間に及ぶ会議の末、絞り出したアイデアは、これまで人の手で行っていたロウ付け作業（ロウ材を溶かして金属と金属を接合させる技術）に対して設備投資を行い、自動化を図ることでさらなるコストダウンを目指すというものだった。設備投資には700万円以上が必要になるが、背に腹はかえられない。会議終盤、佐藤社長は出席者全員に対しこう告げた。

「今回うちは利益をゼロにしてお客様に提示させて頂く。それがうまくいかなかったら、うちはロスすることになる。非常にリスクが高いことになるんだけれども、やっぱり今回それくらいのことをやらないと」

会議のあと、佐藤社長から、今回、取引先から求められた値下げについての詳細を聞き、私たちはさらに驚かされた。実は佐藤工機はすでに、従来よりも価格を25%下げた見積もりを取引先に提示し、勝負に出ていた。ところが、取引先からはその割引価格からさらに20％の値下げを求められ、今回の会議に至ったという。つまり、例えば、それまで100円で取引していたものを、25％引きし、75円にすると言っても受け入れられず、その価格からさらに20％を引いた60円にまで値下げできないかと言われていることと同義だ。

「常識的に20％の追加値下げは普通ありえない。ギリギリの線でやっていますから。経営者として穏やかではない心情です」

いつも通りの丁寧な受け答え。しかし、マスク越しの表情は鬼気迫るものがあった。利益ゼロでも仕事を取りにいくと決断した佐藤社長。価格競争は厳しいと聞いていたが、正直ここまでとは思わなかった。〝過酷過ぎる〟価格競争の波に飲まれまいとする日本企業の姿がそこにあった。

価格競争激化→企業稼げず→給与減

取引先の大手メーカーが下請けの佐藤工機に対し、ここまでシビアな値下げを求める裏には、大手メーカーも同様に厳しい価格競争に巻き込まれている現実がある。

家電量販店のエアコン売り場を取材すると、製品の性能以上にその値段が真っ先に目に飛び込んでくる。「衝撃特価！」などと銘打って、各メーカーが繰り広げる安売り競争は、

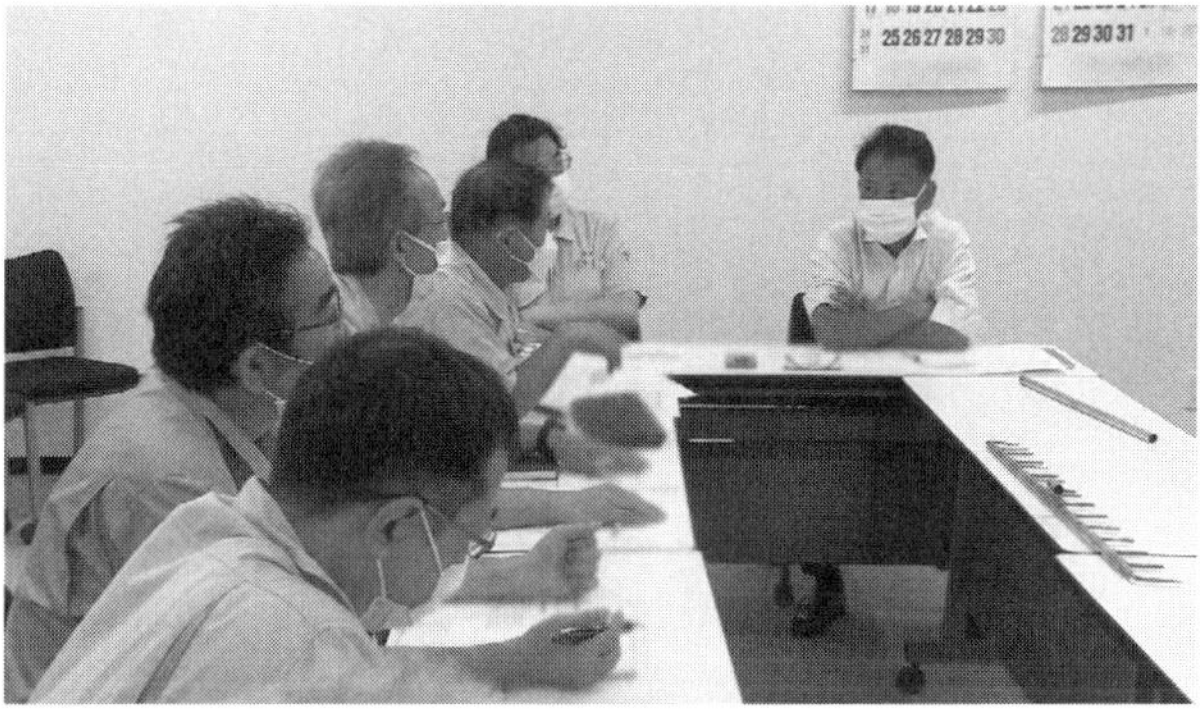

佐藤工機の〝幹部会議〟。議論のすえ、佐藤社長（写真右上）は、利益をゼロにする価格案を提示することを決断する（©NHK）

私たち消費者にとってお馴染みの光景とも言えるだろう。

「信じられないくらい安くなっていると思いますね」

自席でパソコン画面を見ながら、佐藤社長がつぶやいた。見ていたのは、価格比較サイトのホームページ。そこには3万円台のルームエアコンがずらりと並んでいた。

「以前はワンルーム用の小さな馬力のモノでも10万円以下のエアコンなんてなかったですから。15万円、20万円が当たり前でしたので。変な話ですけど、例えばゴルフのドライバーが1本6万～7万円もするんですよね、それ以下でエアコンが売られているというのは……」

取引先の大手メーカーがこうした〝安売り〟に走れば、下請けである佐藤工機も当然、そのあおりを受ける。

取引先から値下げを求められれば、結果として、会社の利益は少なくなってしまう。佐藤工機では、売り上げに占める利益の割合は、2001年以降、下降の一途をたどっている。

利益の確保が難しくなれば、当然、給与にも影響が出る。佐藤工機では、この20年間で賃上げ率やボーナスを下げ、正社員の平均賃金は2割減少した。

グローバル化によって【価格競争が激化】→【企業は稼げなくなり】→【社員の給与（所得）は減る】。そんな構図が改めて浮かび上がってきた。

失われた30年で薄れた元請けとの絆

幹部会議から1週間が経った8月上旬。

この日、佐藤社長は車を走らせ、取引先に向かっていた。社内で新たに検討した見積りを取引先に提出しに行くためだ。実は今回の取引先は、先代である父の頃から50年以上取引を続けてきた、佐藤工機にとって「原点」とも言える相手だ。取引先へ向かうこの道も、佐藤社長にとっては通い慣れた道だという。道中、佐藤社長は元請けとの関係性はかつてはとても強かったと言った。父が社長だった当時は、この取引先の仕事しか受けない時期があったし、自宅の家電もすべて取引先メーカーの製品で統一していたという。

しかし、この30年の間でその関係性は大きく変わり、馴染みのあるこの道も最近は通う頻度がめっきり減っているという。

「昔みたいに気楽に行って〝こんにちは〟なんて言いながら帰ってくるみたいなことはなかなかできなくなりました。以前のほうがお客さんとの距離感が近かったですよね。まあ親子関係と言いますか、身内に近いような関係もあったかも知れない。同じものを作っている仲間という意識が、だんだんドライな関係にはなってきますよね。我々のようなサプライヤーを抱え込んで面倒を見るみたいな余裕もだんだんなくなってきていると思うんですね。まずは自分たちが生き残ることが最優先になって……。昔のことを知っているだけに、私としてはちょっと寂しさも感じたりしますね」

振り返れば、今からおよそ30年前、日本経済は大きな転換期を迎えていた。１９９０年、日経平均株価が急落し、日本のバブル経済が終わりを迎える。そして１９９１年のソ連崩壊以降、グローバル化が加速。１９９５年には「ウィンドウズ95」が日本で発売され、インターネット時代が到来し、国際競争はさらに激しさを増していった。

その後、日本は不良債権問題から金融危機に陥り、長年にわたる低成長、デフレ経済の時代へと突入していった。２０００年代に入るとマクドナルドのハンバーガーが59円で売られていたことが象徴するように、多くの企業が〝より安いコストでより安い製品を売る〟ビジネスに向かっていった。

価格競争に巻き込まれた多くの企業は、稼ぎが減る。すると人や設備への投資が鈍化。イノベーションも起きないため、結果として賃金も上がらないという〝負のスパイラル〟に陥った。失われた30年とは、この〝負のスパイラル〟から抜け出せずにきた30年とも言えるだろう。どの企業も〝自社が存続すること〟が最優先となり、元請けと下請けとで助け合う、そんな古き良き関係性は失われていった。

私たちは取引先企業の少し手前にある喫茶店の駐車場で佐藤社長の車を降り、商談が終わるのを待った。1時間ほど経って、社長が駐車場に戻ってきた。商談の結果について恐る恐る聞くと、取引先からはまだ結論が出ないので、後日回答すると言われたという。

佐藤社長はこれまでの経験から、取引先から即答されるとしたら、それは議論のテーブルにも着けない、商談不成立の場合だと考えていた。その点、今回はまだ継続して検討してもらえる。

「最悪な状況は避けられたというところで少しほっとしていますね。首の皮一枚つながったといいますか、この先にまだ可能性が出てきたという点で良かったんじゃないかな」

この日初めて、佐藤社長は安堵の表情を見せた。

非正規雇用増加の裏で

　会社を率いて25年。佐藤社長に〝社長出勤〟という言葉はない。朝6時半。どの社員よりも早く出社して事務所のカギを開ける。事務所奥に設置された神棚に祈りを捧げたあとは、トイレ掃除。それが佐藤社長の朝のルーティンだった。

「朝早く来るのには理由があるんだ」。そう言うと、佐藤社長は私たちを社長室に招いて一枚の色紙を見せてくれた。八起五則《やおきごそく》というタイトルの横には、「一早起き、一笑顔、一素直、一感謝、一いい出会い」という言葉が書かれていた。世界初の〝倒産者の会〟と言われる八起会《やおきかい》の会長、故・野口誠一さんに書いてもらったもので、今も大切にしている。佐藤社長はこの5ヵ条のうち、唯一自分にできるのが「早起き」だからという理由で、一番乗りで出社するルーティンを続けているという。色紙にまつわる話を聞いていると、ふと本音がこぼれた。

「経営者っていつどうなるか分からないですよね。やっぱり自殺者も多くて。社員だとかいろんな人に相談したりはもちろんできるんだけど、最終判断してその責任は全部自分にくるわけですよね。人のせいにしちゃいけないし、世間のせいにしたくなるときもあるけど、できないし。世の中が悪いとか言いたくなるときもあるんだけど、言ってもしょうがないし。自分で判断したことは全部自分に降りかかってきますから。だから自分が尊敬している方の発言とかメッセージとか、そういうのにすがっちゃうわけですよ……。生身の人間だから弱いもん。30代で経営者になったときは、『50くらいになったら迷いもなくいろんなことが決められて、自分に自信が持てるようになっているだろう』、そんなふうに思っていた自分がいたけど、実際には全然変わらないよね」

33歳という若さで社長に就任し、以降ずっと一人で社員やその家族の人生を背負ってきた佐藤社長。誰にも頼れないからこそ、こうした先人の言葉を心のよりどころにしてしまう。中小企業の経営者が心に抱える「孤独」を見た気がした。

佐藤社長が経営の舵取りを担うようになってから、大きく変わったことの1つが非正規雇用の割合だ。かつては従業員のほとんどが正社員だったが、いまでは約半分がパートなどの非正規雇用となっている。工場内を見回しても、例えばロウ付けの組み立て作業をしているグループ計7名のうち、正社員は2名。残る5名は非正規雇用の従業員だった。

人件費抑制の為、さらには繁忙期と閑散期という、業務に波がある製造業の現場では労働力の〝バッファー〟として、非正規雇用のマンパワーが欠かせないという。

ただ、こうした非正規雇用の増加が、この30年、中間層の所得が上がらない大きな要因の一つでもある。そんな非正規を大量に生み出した企業側にも中間層の所得が落ち込んだ責任の一端があるのではないか、という声をよく耳にする。

こうした指摘を佐藤社長はどう受け止めているのか。

「(非正規を増やすことは)良い悪いじゃなくてそういうものだと。やらずには競争に負けてしまいますから。社会的責任も含めてまずは雇用を守る、経営を続けていく。企業はまず永続していくことが第一の課題です」

正論よりもまず目の前の現実に向き合う。

経営者としての譲れない一線を見た気がした。

企業依存の限界

佐藤社長はいま、長年続けてきた雇用システムの変革にも着手している。

その雇用システムとは、新卒の社員を自社で育て上げ、年功賃金で定年まで雇用を守る、つまり社員やその家族の生涯を保障する「企業依存型」とも言えるシステムだ。取材中、佐藤社長が見せてくれた古い写真のなかに、その「企業依存型」を象徴する1枚があった。

1990年(平成2年)、熱海での忘年会で撮影されたその写真は、先代の社長を中心に社員やその家族らが、皆同じ浴衣姿でずらりと並んでいる。忘年会以外にも、バーベキューや、社員旅行など……。企業とその社員は、まるで家族のような強いつながりがあった。先代の社長は成人式を迎えた社員に、着物や時計をプレゼントすることもあったという。

社員やその家族の生涯を保障する代わりに、サービス残業など時には多少の無理を聞いてくれるという点で、企業にとってもこのシステムはメリットがあった。

「ある意味それが当たり前だという受け止めをしていました。ファミリー的な雰囲気での経営。言わずとも分かってくれる人間関係。そういったものが当然であって、重荷と思うようなことはありませんでした」

社員もまたこのシステムを頼りに自らの人生を設計していた。

入社36年になるベテラン社員の片岡史浩さん（53歳）もその一人だ。

「この会社にいれば大丈夫だろうという安心感ですね。昔はお給料を現金で支給して頂いていて、封筒で給料をもらっていた。先輩、役職の方のを見ると、あんなに厚いのかと。終身雇用は入社した時から当然と思っていましたし、給与の面でも歳が上がっていけば上がっていくと思っていました。当時はそれが魅力というか当たり前だったと思います」

作れば物が売れた右肩上がりの時代では、この「企業依存型」のシステムは、企業側にも労働者側にも互いにメリットがあり、いわば〝共依存的〟な側面があった。

ところが、日本経済がデフレに突入し、企業が利益を上げづらくなるなか、この「企業依存型」を維持することは難しくなっている。佐藤工機では、会社の稼ぎに占める人件費の割合、「労働分配率」は2000年が65％だったのに対し、2021年は80％にまで上昇している。人件費が会社の稼ぎの8割をも占めるようになっているのだ。佐藤社長もこの80％という数字は経営的に見てもかなり高い数字だと言う。

そこで佐藤社長は、2021年から会社の賃金制度をこれまでの「年功型」から、スキルや実績に応じて賃金を払う「成果報酬型」に変更した。年功賃金をこの先も維持することは難しいと判断した結果だった。

「日本の経済が年々良くなっていって右肩上がりの状況で我々のような中小企業もそれに伴って拡大傾向にあり、利益が増えていく状況であればこれ（企業依存型システム）は成り立つんですけど、弊社もどんどん利益率が悪化していくような状況ではやはり、全員の賃金を上げていくってことはなかなか難しくなりますので、限られた資源を公平に分配する仕組みが重要だと思いました」

成果報酬に危機感覚える若手社員　染みついた〝デフレマインド〟

会社が「成果報酬型」に切り替わったことに危機感を覚える若手社員に出会った。

渡邊拓海さん（29歳）。1年前に中途採用で入社した正社員だ。

前職で溶接の経験があり、上司の片岡史浩さんからは「将来の幹部候補生」と言われるなど期待は高い。いまはロウ付けの技術を学びながら、組み立てグループの一員として工場で働いている。

　しかし周囲の評価とは裏腹に、渡邊さんは入社直後に会社の給与制度が年功給から成果給に変わり、戸惑ったと言う。

「年功賃金の方がちょっと良かったかな。悪い言い方をすると、いるだけでドンドン上がっていくなって思っていたんですけどね。そうか能力勝負かって。怖いところですよね。〝これはやばいかも知れないな〟っていう気持ちではありますね」

　富士宮市内に住む渡邊さん。妻と1歳の娘、そして妻の母親。4人で、妻の実家で暮らしている。現在の年収は約350万円。この先、娘の学費もかかってくるし、第二子も考えている。ますますお金が必要になってくる中で、自分が仕事で成果を残さなければ、収入は伸びず、家族に負担をかけるかも知れない。そんな不安から成果報酬への変更に焦りを感じたという。

　渡邊さん家族には週に一度の〝恒例行事〟がある。それは、食卓にスーパーやドラッグストアのチラシを並べ、どのお店で何を買えば安いかを見定める〝買い物会議〟だ。その会議で、真っ先に印がついたのは1パック9円のうどんだった。

「9円うどん、これおいしいよね。一人5点限りか……」

その後も、ヨーグルト68円、ベーコンはこっちのお店のほうが18円安くて138円といった具合に、とにかく〝安い物〟を厳選していく。

「本当に自分の給料が上がっていくんだったら、（値段を気にせず）ドンドン高い物を買っていきますけど、変わらないと思うんですよね。やっぱり。それだったら抑えるべき物は抑えて。僕だけじゃなくて家族の将来もありますから。守っちゃいますよね。僕は……」

程度はともかく、出費を抑えて、少しでも安い物を買いたいという意識（デフレマインド）は、いま多くの消費者に染みついている。長らく賃金が上がらない現状では、それはやむを得ない。

しかし、そうした私たちの意識が、日本のデフレスパイラル（【消費者がお金を使わなくなる】→【値下げ競争が激化】→【企業が稼げなくなる】→【給与が減る】→【消費者がお金を使わなくなる】）からの脱却をより難しくしてしまっている。なんとも皮肉な現実だ。

「失注」——それでも〝人への投資〟だけはやめない

8月中旬。佐藤工機への取材が最終盤にさしかかる中、その知らせは唐突に告げられた。中国メーカーとの競合案件について、佐藤工機の「失注」が決まったという。今回、取引先が出した結論は、佐藤工機ではなく中国メーカーへの発注決定という非情なものだった。

50年以上もの間、取引を続けてきた関係性も「安さ」という言葉の前には、いとも容易く吹き飛んでしまうことに、私たちはやりきれない思いだった。佐藤社長は淡々と語った。

「厳しいですね。お客様も当然生き残るために一生懸命やられていることなので、これは仕方ないことだと思いますね。コスト競争っていうのは当然ありますから、そこで勝ち残っていかないと簡単には受注できないってことですね。心の中では半分覚悟もしていましたので、仕方ない。やっぱりな、という思いもありますけど、悔しいというのと、残念というのと。ただそれを早く切り替えて次のチャレンジにつなげるようにしていきたいと思っています」

年々厳しさを増している経営。しかし、そんな中でも佐藤社長は「人への投資」には常に積極的でありたいと考えている。

会社の生命線であるロウ付け技術。かつてはＯＪＴで技術を身につけるのが基本だったが、それを見直し、7年ほど前から「ロウ付け匠塾」と呼ばれる社内研修を少なくとも週一回行っている。匠塾が行われる際、講師役の熟練工や受講する技術者たちは、それぞれの持ち場を一時的に離れることになるため、その日の工場の生産性という点では、プラスにならない部分もある。しかし、佐藤社長は、技術者ひとりひとりのスキルアップや技術の継承こそが、長い目で見たときに、会社にとって何より大切だと考えている。

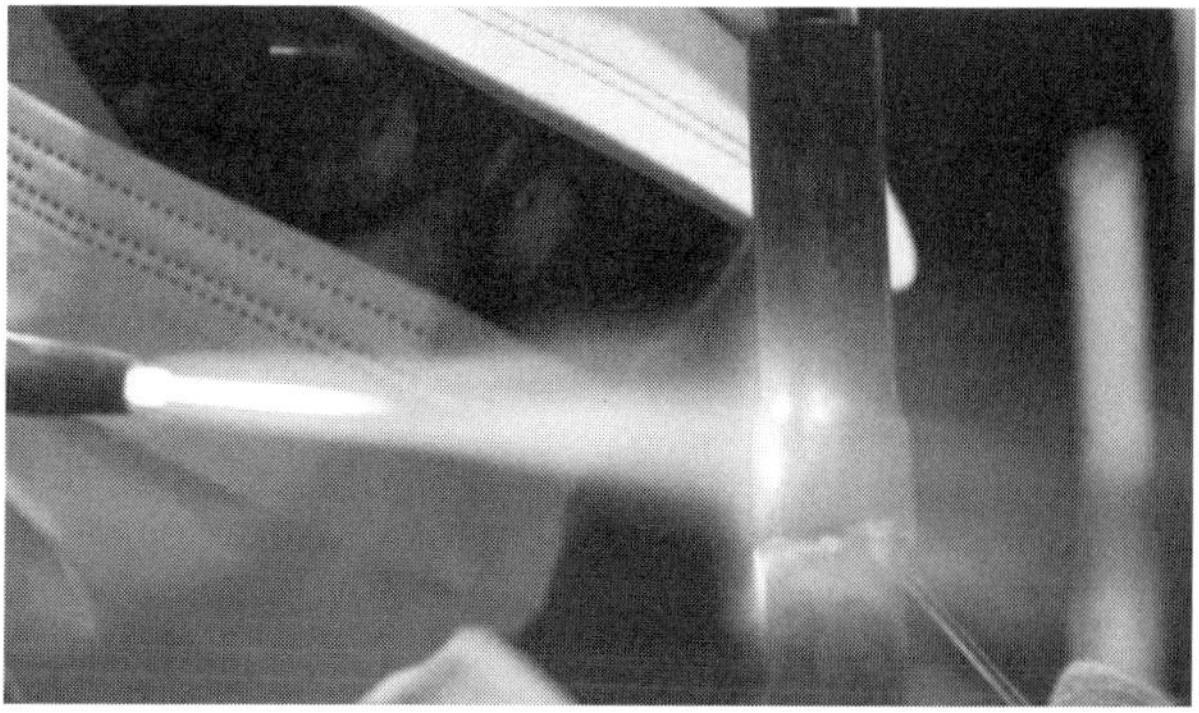

佐藤工機では、「ロウ付け匠塾」という社内研修で、技術の伝承ならびにスキルアップを図っている（©NHK）

匠塾の現場には、若手社員の渡邊拓海さんの姿もあった。渡邊さんは「逆さロウ付け」と呼ばれる難しい技術の習得に励んでいた。

ゴーグルと耳栓をつけ、バーナーでロウ材をあぶっていく。技術者の感覚と実際の温度にズレがないかを確認する為、作業工程はサーモカメラで録画される。実技が終わると講師役の熟練工が、すぐさま接合部を切断し、その断面の具合をチェックしていた。

「素晴らしいね」

講師も認める出色の出来映えだった。

「自分がやれることが増えて、（給与が）上がってくればいいなっていう気持ちもありますし、何より自分がやれることが増えたら楽しいので。いっぱい頑張って、より良いっていうか、ちょっとでも幸せな家庭を築けていけたらなっていう思いはありますね」

渡邊さんは私たちに笑顔でそう言うと、工場内の持ち場に戻って行った。

その後ろ姿からは、成果給への変更を受け入れ、この先も技術者として生きていく、社員として、父親としての覚悟を見た気がした。

佐藤工機では、こうした社内研修によって渡邊さんのような若い技術者たちが能力を伸ばしている。一見遠回りに見えるかもしれないが、【価格競争激化】→【企業稼げず】→【給与減】、そんな負のスパイラルを脱却する手がかりは〝人への投資〟をやめないことなのかもしれない。

今回の取材、最後となるインタビューで、佐藤社長は次のように語った。

「日本が世界で、モノ作りでこれだけ進出できたのはやはり、日本人のモノ作りに対する適性さだと思っているんです。勤勉で、繊細で。それを失っちゃいけないということは常々思っています。よって、人への投資と言いますか、日本人の良さを、技能を継承していくことが大事なのかなと。人へ投資することによって、すぐに結果が出るかというと、なかなかそうもいきませんけど。ただやはり人が物を作り、人の技能が製品を作り上げていくわけで、そういった意味からすると、人っていうのは単純なコストとして、安ければいいとかそういうものでもない。

ただ現実的にはコスト競争がありますから、そこで勝たなければ受注がない、売り上げが立たないという状況もありますので、そのバランスがとても大事なんじゃないかと思いますね。でも、最後は人であってほしいとは思いますよ。コスト重視でやっているビジネスは経営者として寂しさを感じますので、思いとしては、最後は人を大事にしたいと思いますね」

そして、こう付け加えた。

「今言ったことはね、社員に対してなかなか言えないっていうか、そんな部分でもあるので、経営者としては。裸になっちゃった感じですね。もっと鍛えておけば良かったな。裸になっても恥ずかしくないように（笑）」

インタビューを終えると、佐藤社長は次のアポイントがあるからと、駐車場に出ていった。外は雲一つない快晴だった。これまで雲がかかってばかりだった富士山が、この日初めて山頂から山麓までその全貌を私たちに見せてくれた。

今回の取材からは、グローバル化によって加速した〝過酷過ぎる〟価格競争の実態、そして、価格競争に巻き込まれた結果、【企業の利益減】→【給与減】→【消費減】→【企業の利益減】→【給与減】……、そんな負のスパイラルが、日本の中間層の所得が上がらない要因の一つであることがわかった。また、右肩上がりの時代には当たり前だった、〝企業依存型〟の雇用システムも、すでに限界を迎えていた。ここまで書いてきた通り、佐藤工機では、会社の稼ぎに占める人件費の割合は年々上昇。人件費抑制の為に非正規雇用の割合を増やし、賃金制度も「年功型」から「成果報酬型」に切り替えた。

価格競争が激化し、経営の厳しさは年々増すなかで、終身雇用や年功賃金、そして人材育成、これらすべてを企業が抱え込むことは出来なくなっている。

「企業ってどこまでやればいいんだろう。昔みたいに丸ごと面倒見るってことが、やろうとしたところで、なかなか現実は難しい……」

そんな佐藤社長の一言が強く心に残った。

賃金制度を見直した佐藤工機のように、〝企業依存型〟からの脱却を図る企業は、決して多くはない。限界を迎えた雇用システムから、いまなお多くの企業が抜け出せないことも、中間層の所得が伸び悩む一因と言えるだろう。

第４章

非正規雇用
負のスパイラルはなぜ始まったのか

第3章では、経済のグローバル化の進展に伴い、過酷な価格競争に巻き込まれた日本の中小企業の苦境をレポートした。多くの中小企業は、容赦ないコストダウンを余儀なくされ、それに対応できなければ、仕事を失い、従業員の雇用すら守ることができない瀬戸際に追い込まれている。こうした企業では、賃金を上げるどころか、これまで聖域とされてきた正社員の雇用にまで手をつけざるを得ない厳しい状況にある。

これまで日本企業の多くは、正社員の終身雇用、年功賃金、能力開発・育成、福利厚生を約束し、入社から定年退職まで（場合によって企業年金などで亡くなるまで）、一生の生活を保障してきた。いうなれば、「企業依存型」とも言える雇用システムだ。右肩上がりの成長が続いた高度成長時代は、こうしたシステムが好循環を生み出して、企業の高成長を促し、会社と社員の相互依存とも言える関係が築かれていた。

しかし、1990年代初頭に起きたバブル崩壊に端を発する景気低迷に、この好循環が〝逆回転〟を始める。時を同じくして始まった経済のグローバル化と中国などの新興国の台頭。

それに対し、日本企業は徹底した合理化を行い、人件費の削減に着手したが、グローバル化の波には抗えず、かつてのお家芸だったエレクトロニクスや半導体などで、中国や韓国などの後塵を拝するようになり、製造業の海外移転も進み、産業の空洞化が進んだ。日本企業の生産性は諸外国に比べて見劣りし、勝ち目のない価格競争に巻き込まれて消耗していった。

デフレ不況下においては全社員の給料を一律引き上げるベースアップは長らく行われることはなくなり、【中間層の賃金減少】→【消費減】→【価格引き下げ】→【利益減】→【投資減】→【イノベーション難】→【賃金のさらなる減少】、という負のスパイラルが継続してきた。

なぜ長年にわたり、日本はこの「負のスパイラル」から抜け出せずにいるのか。バブル崩壊後の不良債権問題の処理に手間取ったこと、情報化や生産性向上に資する設備投資を怠ったこと、過度にリスクを回避する企業姿勢や意思決定の遅れなど、複合的な要因が挙げられるが、軽視できないのが「企業依存型」の雇用システムだ。日本企業では、一度採用した正規社員を解雇することは簡単ではないのに対して、米国では経営環境に応じて簡単にレイオフ（一時解雇）することができる。

1990年代になると、「企業依存型」の雇用システムの綻《ほころ》びが目立つようになり、そのなかで拡大したのが、パートタイマーや派遣労働者などの「非正規雇用」という雇用形態だった。

後述するように、非正規雇用の拡大は、ひとたび正社員の地位を得た従業員の雇用を守る一方で、安価で代替可能な労働力という新たな歪みを生み出すことになった。

いつからこの問題が認識され、どのような対策がとられてきたのか、あるいは、とられてこなかったのか。

今回、私たち取材班は、日本の賃金が上がらなくなった１９９０年代の政府・経済界・労働組合のいわゆる政・労・使のキーマンたちに証言取材を重ね、組織の内部資料などを入手。そこから浮かび上がってきたのは、１９９０年代半ばの早い段階で、「企業依存型」の雇用システムの限界に気づいていたにもかかわらず、〝対症療法〟に追われ、その問題の根源に目を向けてアプローチできなかったプロセスだった。

30年以上前に見つけられていた〝企業依存〟問題

私たちがとりかかったのは、いつ誰が「企業依存型」の雇用システムの問題に気づき、課題として焦点化したのかを見つけることだった。経済界や専門家への取材を進めるなかで、複数の取材相手から、あるキーマンの名前があがった。

その人物の名は、成瀬健生。かつて財界四団体のひとつだった「日経連（日本経営者団体連盟）」の常務理事として、政策の立案や提言を担っていた人物である。さっそく連絡先を入手して、成瀬さんに取材を申し込むと、「私で役に立つならば」と二つ返事で承諾してく

1995年に日経連が発表した報告書を前にして、雇用システムの改革を必要とした理由を説明する成瀬健生・元日経連常務理事（©NHK）

れた。

訪ねた先は、東京・国分寺市にある成瀬さんの自宅。1933年生まれの成瀬さんは、取材当時89歳になったばかりだったが、1990年代の状況を鮮明に記憶していた。

「他の資料はすべて廃棄しましたが、これだけは手元にとってあるんですよ」と、見せてくれたのはひとつの報告書だった。本のタイトルは、『新時代の「日本的経営」――挑戦すべき方向とその具体策――』。1995年に日経連が発表、その後の企業経営のあり方や雇用政策に一石を投じた書として、知る人ぞ知る一冊だ。成瀬さんはこの報告書を作成した主要メンバーで、いわく、経済団体として初めて〝企業依存〟の問題をオフィシャルにとりあげたのが、この報告書だという。

「企業側が全部丸抱えでやるというのは無理で、

そうでなくてもいいんだよと。もうそういう時代じゃないということを、日経連として言ってもいいじゃないかと。当時としては、かなり厳しいことを書いている。『賃金上がるとは限らないよ』、なんてことまで書いてあるんです」

当時、成瀬さんたちが問題視していたのは、企業の高コスト体質だった。報告書のなかには、「総額人件費管理の徹底化」や「年功的定期昇給制度を見直し」「人材の流動化」といったキーワードが飛び交っており、それまで当たり前とされていた年功賃金や福利厚生などを全面的に見直すほか、それまで正社員中心だった雇用形態についても非正規雇用を増やして、柔軟に運用していくべきという改革色あふれる内容になっている。

「日本の物価が世界一高い、賃金も世界一高いという状況になったので、売り上げは下がるし、コストはなかなか下がらないし、利益が出ない。企業としては経営がどこまでできるのか、大変難しい状況になった。一体どうしたらいいのかというのが、当時の経営者の気持ち。非常に慌てたというのが、当時の実態なんですね」

成瀬さんいわく、1990年代の日本は〝世界で最も人件費の高い国〟となっていた。1985年のプラザ合意をきっかけに、為替市場では円高ドル安の流れが加速。プラザ合意の前、1ドル＝240円台だった円相場は、1994年には戦後初めて1ドル＝100円を突破し、『新時代の「日本的経営」』が発行された1995年5月の前月には、1ドル

＝79円75銭と当時の最高値を記録していた。グローバル化で価格競争が激しくなるなかで、当時の経営者たちは、人件費をいかに抑制するかが至上命題になっていたという。

「年功序列と終身雇用はコストが高過ぎて持続できないという状況になってきた。競争に勝つためにはコスト削減しかないので、コストを下げるためにはいったい何ができるかということが、一番の問題だったんですね。賃金を下げるか、雇用を減らすか。何とか外国との競争に太刀打ちできるような格好にもう一度持っていくということの努力を本気で始めたわけです。そのあたりがちょうど1995年ぐらいだったんじゃないんでしょうか」

高度成長の時代に築かれてきた〝企業依存〟という〝成功の方程式〟を、全面的に見直さなければグローバル競争には勝てない。成瀬さんは、かつてない危機感を抱いていたという。

劇的に拡大した非正規雇用――〝想定外の増え方に、身震いが……〟

報告書で掲げた目玉のひとつが、「雇用ポートフォリオ」という新たな雇用システムだった（図参照、『新時代の「日本的経営」』32ページより）。

『新時代の「日本的経営」』の歴史的意義について研究してきた慶応義塾大学・八代充史教授いわく、そもそもポートフォリオとは、投資家の資金を運用する際に銘柄を分散させ

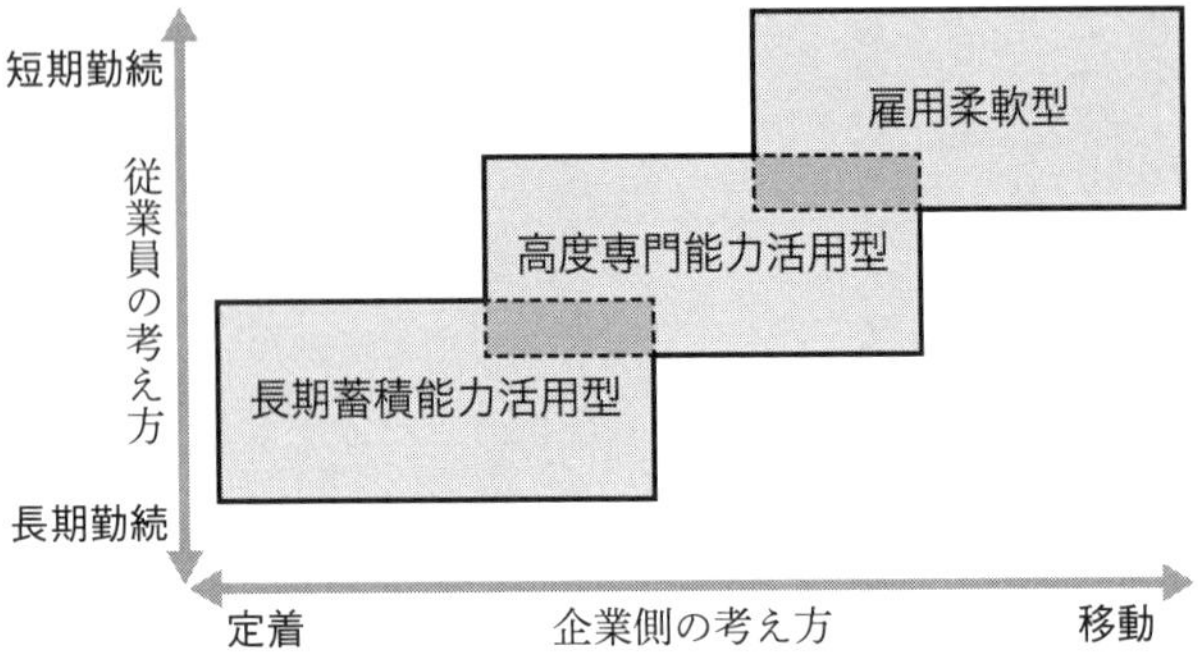

雇用ポートフォリオの概念図

(日経連〈1995〉『新時代の「日本的経営」』32ページ図をもとに作成)

ることで、「雇用ポートフォリオ」は、この手法を雇用形態に援用したものだという。日本の労働市場では、解雇権の濫用が規制されており、一度、正社員として雇用すると解雇することは難しい。したがって正規雇用だけでなく、パートタイマー、契約社員、派遣労働者など様々な雇用形態を組み合わせるのが、将来の不確実性に対処するための有効な手段になるという考え方だ。

報告書では「今後は経営環境の変化に応じて、どのような従業員が何人必要かといった〝自社型雇用ポートフォリオ〟の考えに立った対応が必要だろう」としており、雇用形態として、①終身雇用の正社員を想定した「長期蓄積能力活用型グループ」②専門能力を持つ研究開発職や企画職などの有期雇用を想定した「高度専門能力活用型グループ」③派遣社員やパートタイマーなどの有期雇用を想定した

「雇用柔軟型グループ」の3つを提案している。

それまでの日本の企業経営では、雇用形態は正社員を軸に構成するという考え方が中心だったが、賃金を抑えられる「非正規社員」の活用も提言のねらいのひとつだったと成瀬さんは証言する。

「(当時)ほとんど非正規社員はいなかったわけですからね。季節工だけでした。農家から援軍に来てもらうという非正規だったんですけども、本当に一般的な意味で(通年契約での)非正規社員を増やしていくということをせざるをえなくなった」

報告書では、いわゆる派遣労働の制度に関しても「原則禁止のポジティブリスト(特定の業種だけを許す)方式は適切でなく、原則自由のネガティブリスト(特定の業種だけを規制する)方式へと変換すべきであり、それが国際的な常識」として、政府に規制緩和に踏み切るべきだと要求している。

「米国で派遣労働というのが、かなり盛んに行われているということで、私も調査に行きました。ただ、(非正規雇用の拡大は)苦しい円高の時代を乗り切るための、いわば緊急避難だというふうな考え方をしてたんです、実際はね」

その後、20年あまりで、劇的に増えた非正規雇用。今や全雇用の4割近くを占めるまでになり、中間層の賃金が上がらない要因のひとつになっている。ここまでの増え方は、〝想定外〟だったと成瀬さんはふりかえる。

「非正規社員が、日経連の報告書を出してから、急速に何か増えた感じがしまして、フォローアップの調査をやったんですけども、毎年毎年、何かすごく増えていく。本当に予想外。最初は、家庭の主婦とか学生アルバイトとかいろんな形の非正規を入れても、15％かそこいらだったのが、20％になり30％になり、それも約40％までいきましたからね。これはもう我々もちょっと身震いがしました。こんなんでいいのかなと……」

成瀬さんも筆をとった「総論」の冒頭に、こう書き記されている。

「経営環境が大きく変わる中で、日本的経営の運営面では変えなければならない問題はいくつもあるが、日本的経営の基本理念である『人間中心（尊重）の経営』『長期的視野に立った経営』は普遍的な性格をもつものであり、今後ともその深化を図りつつ堅持していく必要がある」（『新時代の「日本的経営」』3ページより）。

人間関係が経営の基本であるという哲学を表した「人間中心（尊重）の経営」と、設備投資や人材育成における「長期的視野に立った経営」。これらの2つの理念は、どんなに時代状況が変わろうとも「変えてはいけないもの」であり、たとえコストを削減しても、長い目でみた人材育成・能力開発は失ってはならないという日本の企業経営の矜持《きょうじ》をこめて書いたという。だが、成瀬さんの狙いとは裏腹に、その後、現実は逆方向へ進んでしまうことになったとふりかえる。

「コストを減らして、少しでも利益が出るようにするのはいいけれども、それればかり考えていたのでは、社会的な存在としての企業がもたない。しかし実際には、人間中心の経営が崩れていってしまった……」

元事務次官の初証言――高まる規制緩和の波

1990年代になって問題視されるようになった〝企業依存〟という構造。政府は、これにどう対応しようとしてきたのか。私たちは、1990年代から2000年代にかけて、雇用政策の立案に関わった霞が関の官僚たちを取材。ここでも、これまで語られてこなかった教訓が浮かびあがってきた。

その中でも、多くの改革や法改正を担ったのが、厚生労働省の事務方数万人のトップである事務次官を2年間務めた戸苅利和さん（74歳）だ。1971年に労働省（当時）に入省し、雇用を担当する部局で次長や局長を務め、次官退官後も独立行政法人の理事長を務めるなど労働関連の要職を歴任。いまも雇用政策に影響力を持つとも言われている元大物官僚である。

取材交渉は数度にわたったが、今も課題が山積している雇用問題への一助になればということで、90年代以降の政策意思決定プロセスについて、初めて取材に応じてくれた。

「90年代半ばの当時は非常に厳しい雇用情勢になってきて、何らかの手を打たないと労働市場に大量に失業者が発生してしまうのではないかと思った。不幸な場合にはずっと就職できずに失業状態が延々と続いてしまうことになるということを懸念しました」

その背景にあったのが1990年代後半からの混沌とした社会情勢。国際競争が激しくなる一方で、国内ではバブル崩壊や証券会社の経営破綻などの金融危機、さらにはアジア通貨危機も発生し、失業率はそれまでの2%程度から5%近くへ上昇した。時代はいわゆる就職氷河期に突入し、団塊ジュニア世代がこれまでのような就職活動ができなくなったことが危機感を募らせたきっかけだったと振り返る。

経済が停滞するなかで、政府は規制緩和・市場主義路線への転換で、企業の競争力を高め、個人の自立を求めるようになり、労働分野でも職業紹介や派遣労働の自由化を求める声が出始めていたという。

労働者保護を重視する労働省内では反対の声は根強かったが、市場では〝違法派遣〟が横行する実態もあり、現実と制度の乖離が出始めていたと語る。

さらに米国との貿易摩擦も問題化。戸苅さんが、雇用政策立案の担当部局の幹部に就任した際、当時の政府から、労働団体との調整など規制緩和を進めるよう直接指示を受けた

元厚生労働省事務次官の戸苅利和さんは、派遣労働の自由化など労働行政の転換を進めた（©NHK）

という。

「職業紹介とか労働者派遣ができるように開放すべし、規制緩和すべしという声が政府内でも高まりました。それに日本の官邸筋や自由民主党では貿易摩擦の中で労働市場はもう米国の言うことを聞いたほうがいいじゃないかという雰囲気があったのは事実です。違法派遣の実態もあり、市場のニーズがあるのであればそれに合わせて制度を変えたほうが労働者保護にもつながると思いました」

雇用・労働政策に市場主義を持ちこむ規制緩和はまさに〝劇薬〟。それでも、戸苅さんの中では、これは「硬直した企業依存」を脱する一つのきっかけにもなり得るという考えがあったと話す。企業の内部だけで雇用や人材の移動が行われることを想定したそれまでの労働市場だけでなく、企業の外部でも新たな仕事に労働者が動き、賃金を上げていく市場を作るきっかけになるのではという考えだ。

「状況が厳しさを増す中で企業に正社員の雇用維持の責任をすべて委ねる時代は終わった、企業にそこまでの体力がなくなってるんじゃないかと思いました。企業の外部の労働市場の機能を高めて、仕事を求める人がもっと効果的にもっとスピーディーに新しい仕事に就けるような仕組みをつくっていこうと考えた。企業に頼る部分と外部の労働市場を両輪でやるということで雇用問題の解決と雇用の安定を図るという方向を目指さざるを得ないだろうなというふうに思いました」

90年代後半以降、職業安定法や労働者派遣法などの労働関連の法律の見直しが行われ、その多くで、戸苅さんは調整役を担うことになった。特に、労働者派遣法の改正は、日経連が作成した『新時代の「日本的経営」』が求めていたものでもあった。その後、製造業にも解禁するなど、派遣労働の原則自由化が実現していくことになる。

ヒトの雇用が売買される

一方で、労働者派遣法の改正が、雇用の劣化を生み、〝低賃金〟につながってしまうという懸念は、〝派遣法の生みの親〟とも言われる経済学者も早々に指摘していた。

その人物とは、労働省の中央職業安定審議会会長や日本労働研究機構（現労働政策研究・

研修機構）会長などを歴任し、戦後の労働法政策の立案に深く関わった信州大学名誉教授の高梨昌さん（2011年死去）だ。今回、私たちは、2000年代に高梨さんが労働者派遣法の改正について語った講演録を入手。当時、高梨さんが懸念していたのは、労働者派遣法の立法時の理念が、法改正によって真逆にねじ曲げられることだった。

「（1986年に施行した）派遣法の当初は、派遣で働くというのは、女性の方々にも格好よく映ったのです。しかもかなり高賃金でした。派遣業務を専門職に限定すれば、それなりの市場の秩序で、賃金相場もできていくだろうという期待を込めたのです」

立法のねらいは、対象業務を「専門的な知識、技術又は経験を必要とする業務」などに限定し、賃金相場を高めることだったと振り返っている高梨さん。安易に対象業種を広げることは〝雇用の劣化〟を招きかねないことも指摘していた。

「私は、絶えずポジティブリスト（特定の業種だけを許す）を維持しないと、派遣というのは低賃金の市場になりかねないということを大変心配してきました。1999年改正のときに、理念をゆがめてしまった。派遣法の立法の原点を忘れたのです。ポイントはそこだと思っています」

対象業務をポジティブリストからネガティブリスト（特定の業種だけを規制する）に転換するという1999年の派遣法改正。つまりそれは、立法時の法理念を180度変えることを意味していた。

「規制緩和の流れの中で行われたということだと思うんですね。その結論の見通しが甘かったことは間違いない」

それまで労働者を「ヒト」として扱っていた経営が、労働者を「モノ」として扱うことになる可能性がある。法改正は、労働政策の根源的な変更であることも高梨さんは指摘していた。

「私が前から注意していたのは、派遣（会社）に（発注を）出すのは人事労務ではないことです。現場の資材とか部品を買いつけるところの購買部なんです。つまり人を雇うのではなくて、まさに物の売買と同じ扱いになっているということなのですね。（経済学・経済政策は）どういう人間像を描くかということなんですね。その人間像の描き方がポイントで、そこのところが労働政策の中で一番ビビッドに出てくる領域だと思っています。こういうことを踏まえない経済政策は、結局、人間の姿がなくなってしまう」

実際、法改正から10年も経たぬうちに、リーマンショックによる「派遣切り」が社会問題となり、派遣労働者が〝雇用の調整弁〟として扱われていたことが表面化した。

労働省の幹部として法改正にあたった戸苅さん。リーマンショックの〝派遣切り〟の実態を振り返るとき、言葉は少なくなった。

「ダメージを食らっても派遣の人は他の産業に移れるので、雇用確保ができると本気で思っていたが、リーマンショックのように幅広い多くの業種（の業績）が悪くなるなんて今までも経験したことなかったし、そんなことにはならないだろうと思っていた……。私も経験不足、知見不足だったし、当時の大臣も『派遣法改正は失敗だった』とつぶやいていたよ」

衝撃の条約改正　労働組合の誤算

労働の自由化、とりわけ派遣の解禁に大反対したのが、労働界。その先頭に立っていた人物が、今回取材に応じてくれた。国内最大の労働団体「連合」の幹部だった久川博彦さん。連合の政策立案の元責任者で、90年代後半に派遣制度の見直しを議論した国の審議会の委員を務めた。失業率の高まりと規制緩和の流れを大きく感じながらも、不安定な雇用が生まれてしまうという懸念のため、流れに抗おうとしていたと振り返る。

「当時の連合として重要視したのは雇用をいかに守るか、完全失業率を抑えていくかでしたが、基本的に我々は、正規の安定的な雇用を企業に求めていて、その軸については変わらなかった。使い勝手のいい労働者がどんどん生まれていくことに歯止めをかけたいという思いが強かった」

連合の幹部だった久川博彦さん。労働市場の規制緩和にブレーキをかけようとしたが、国際的な労働自由化の大きな流れに抗しきれなかった（©NHK）

しかし、日本の政労使の思惑をこえた、巨大な改革の波がしのびよってきていた。そのことは久川さんが知るよしもなかったという。

１９９７年、ジュネーブで開かれていた国際会議。ＩＬＯ（国際労働機関）の総会。

連合も毎回参加していて、この年は、久川さんも現地に赴いたが、そこで衝撃の事実に直面した。

派遣労働の自由化を容認する「１８１号条約」が採択される流れになったのだ。それまでのグローバルスタンダードだった派遣労働の規制の流れが大きく転換する動きだった。おりしも、グローバル競争が激しく、欧米も失業率が高くなっており、雇用の流動化はまったなしの状況だった。その流れに、日本だけが逆らえる状態ではなかったという。連合も反対せず賛成に。

つまり、派遣労働の自由化を、日本の法改正の前に認めてしまったというわけだ。

「総会に行く前までは、派遣の業種を制限する枠内で改正すべきだというのが基本的態度でした。しかし結果的にＩＬＯ総会に行ってみて、当時の国際的な主張が変わっていて、残念ながら、私たちの考え方は国際労働的にはなかなか通用しなかった。それくらい雇用の自由化、流動化の流れは強かった。だから連合としては、当初の基本的な態度を現地ジュネーブで変更し、賛成の態度表明をとったわけです。今後はセーフティーネットの拡充など国内法の整備で労働者の保護を図るよう運動の軸足を移すことにした。そういう意味では、そのことが結果的によくなかったという意見がないわけではないと思います」

これが、改革を求める経済界と規制緩和を推進したい政府の追い風となり、派遣法は改正されることになった。

“正社員クラブ”体質　非正規問題は置き去りに

改正を許した背景には、労働者側の中でも一つにまとまりきることが難しかったことがあると久川さんは振り返る。

「規制緩和の流れというのは連合だけではなく各産業別組合（産別）にくるわけで、産別は自分たちの産業を守る、自分たちの雇用を守るにはどうするべきかと考えてしまう。そこから徐々に崩されていったのじゃないかというふうに思います。連合のメンバーはほとんどが正社員ですから、自ずから連合内の議論というのは正社員を中心とした議論になっていた。それはやむを得なかったのが実情です」

その後、多くの労組は、「正社員の雇用を守る」ことを運動の防衛ラインとするようになった。

同時に「雇用か賃金か」を迫られる中でベア要求もしなくなり、その結果、正社員の賃金は上がらず、中流危機につながった。

「非正規の雇用・育成」を守っていくという視点も労働運動から抜け落ちており、非正規の賃金は低いままに。政労使三位一体となって非正規問題を〝放置〟する結果となった。連合が〝正社員クラブ〟と言われた一つのゆえんだろう。

「能力開発を含めて非正規の問題は大事と思って議論はあったが、運動の優先順位は高くなかった。労使ともに見過ごしていた……」

硬直した企業依存脱せず

長年、所得の伸びが停滞してきた日本。政労使、それぞれのキーマンを取材すると、その源流が硬直化した企業依存の限界を迎えた１９９０年代後半にあり、正社員の雇用をとりわけ重視し、非正規雇用という手段でやり過ごそうとしてきた社会の在り方にあることが浮かび上がった。

それでは、そのことがこれまで見てきた「中流危機・中間層の沈み込み」にどう結びついたのか。私たちは、中間層を巡る雇用や経済政策について研究している慶應義塾大学経済学部の駒村康平教授に意見を求めた。

駒村教授はまず、かつての「企業依存社会」は経済が右肩上がりの時代にはよく適合したシステムだったと説明する。戦後復興を経て高度経済成長になっていくなかで、終身雇用と年功賃金は、労働者が安心して結婚して子どもを育てていくという人生設計に適した仕組みだったというのだ。企業からしても、市場がどんどん大きくなっていき、新しいビジネスを探す必要もあまりない状態では、労働者はなるべく同質で長く働いてくれて、企業の文化に染めやすいように新卒から育てあげていくほうがメリットも大きかったと分析する。

「企業別に労使が協力しあっていくという姿、これは日本型雇用システムと呼ばれて非常に有効に機能しました。この背景には、システムがその経済の環境と合っていたことと、労働者も企業側もそのことが実は得なんだという経済合理性があった」

しかし低成長に入った90年代に、このシステムが揺らぐことになる。そこで企業は守るべき正社員の絞り込みと、非正規雇用の活用で乗り切る選択を取ることにしたが、そのことが賃金の停滞、中間層の沈み込みを招いたと指摘する。

「海外に比較すれば失業率を抑えたというメリットはあったと思いますが、一方で予定したプランのとおり賃金が上がらなくなり、中間層という生活パターンが再生・実現できなくなるという問題が起きた。そして結果的に足りなくなった労働者の分は非正規雇用者のほうで賄っていくということで、ある種、ショックを和らげるバッファーみたいな役割を非正規のほうに求めたのです。企業依存型システムの中核部分は何とか守ろうということで乗り越えようとしたわけですが、年功給の低下と、賃金の低い非正規雇用者の増加という副作用が発生したといえると思います」

さらに駒村教授は政府の取り組みの不十分さも指摘する。政府が政策的にやってきたのは、財政政策、金融政策、規制緩和などにとどまり、企業に人材育成や福利厚生まで依存してきた社会経済システムの制度疲労に目を向けることなく、抜本的な見直しをしようとはしなかったというのだ。

「余裕のある層を豊かにして全体のパイがそれで増えていくというトリクルダウン的な効果を期待したのかも知れません。しかし、株価などは回復しましたが、実際には賃金は伸びずに、所得全体が低いほうにシフトしていき、期待した効果は出なかったのです。それまで企業が行っていた福利厚生や住宅面などでの生活の支えが縮小するなかで、国は、社会保障・セーフティーネットを充実させる動きや労働移動を応援する取り組みに対し、十分な資源を投入する政策を打ってこなかった。生活者とか労働者目線の政策というのが、この時期に不足したのではないでしょうか」

そのツケが、いまになって表面化していると駒村教授は話す。問題は賃金だけにとどまらず、将来展望がなくなれば消費控えや少子化にもつながり、不満が溜まれば、自分よりも恵まれた人たちを引きずり下ろせばいいんだといういわゆるポピュリズム的な政治の動きにつながり、社会の分断が進むことになる。賃金が伸びず中間層が沈み込めば、大きな社会不安になると懸念する。

再定義すべき「企業の役割」

賃金が停滞し、中間層が落ち込んできた「失われた30年」。この時代に進められた「労働の自由化」にかかわる政労使のキーマンたちを取材すると、「企業依存型」の雇用システムが行き詰まりを迎え、社会の閉塞感を生む大きな構造的な要因になってきたという現実が見えてきた。

労働・雇用政策をはじめ、日本は、企業を通じて正社員の生活を支えていくという制度設計が行われてきた面が多分にある。これまで多くの日本人は、正社員という立場に守られながら、人生設計を行ってきた部分が強い。それはつまり、自分のキャリアを企業に丸々預け、人生プランをも任せてきたという私たちひとりひとりの個人単位での〝企業依存〟があったと言い換えることができるかもしれない。

厚生労働省の元事務次官の戸苅さんは、取材の最後にこう語った。

「一番問題なのは、『企業って何なんだ』ということだと思う。社会的存在である企業の社会的責務はどこら辺まであるのか、企業はそれをどこまで果たすことが可能なのか。可能でないとしたら、国なり行政なりがこれからは担っていくことになるのか。社会問題の解決に金がいるのは間違いないんだから、誰が負担するんだという国民の理解、コンセンサスをどうとるのかが大事だ」

企業の社会的責務をどこまで求めるのか。時代の変化を見ながらその折り合いをどうつけていくのか。「雇用」「賃金」「人材育成」「福利厚生」のすべての責任を受け持つのが、企業の役割なのか。政府や労働組合、教育機関もそうした役割を分担していくべきか。これらの問いは、企業の負担を軽減して経済の活性化を図るための知恵を出そうというだけの意味ではない。これらは、キャリアは誰のものなのか、という問いでもある。

これまで私たちが企業に〝丸投げ〟のように預けていたキャリア。その形は、否が応でも、この先変わっていくだろう。私たちは、ここに正面から目を向けていく必要に迫られている。かつてのように稼げなくなった中間層ひとりひとりに投げかけられた、厳しい問いである。

〈コラム〉試みられていた人材育成政策　しかし定着はせず……

一つの企業に依存しない形でのキャリアアップやスキルの獲得の機会が少なく思える日本の人材育成施策だが、2000年代の労働政策の立案に関わった官僚を取材すると、実は、国は、非正規従業員でもスキルや能力を習得し、転職をしながらキャリアアップしていくシステムや労働市場を整えようと試行錯誤していたこともわかってきた。

例えば、仕事をこなすために必要な知識と技能などを業種別、職種・職務別に整理した公的な職業能力の評価基準である「職業能力評価基準」や、キャリアプランや職業能力の証明のツールとして求職活動や職業能力開発などの各場面において活用する「ジョブ・カード」など。

これらは人材育成について〝企業依存〟から抜け出そうという画期的な取り組みではあったが、キャリアアップのシステムとしてはあまり浸透していないのが現状だ。さらに、離職者のうち公共職業訓練を使う人は多くはなく、収入がない間も長期の訓練を受けられるほど余裕がある人は少ない。訓練の内容が次の仕事にすぐに結びつくものばかりではないという事情も指摘される。

厚生労働省の幹部は「企業のなかだけの議論では『雇用か賃金か』の二者択一になってしまって賃金が上がってこなかった。だからこそ企業の外で転職などをしてキャリアを重ねる外部労働市場を作り、正社員だけのキャリアだけではなく、外部でもキャリアアップをしていく、また内部と行き来するという形にしないと賃金は上がらない。

外部労働市場に資するようなキャリアアップの仕組みを作るため厚労省としてはこうしたパーツ（ジョブ・カードなど）は作ってきているが、結局、外部労働市場そのものができないとパーツがうまくはめ込まれることなくそのままきてしまっていて、なかなか浸透しない。外部労働市場が健全に働くモデルが令和の労働市場として目指すものだと思う」と打ち明けている。

なぜ企業外での人材育成やキャリアアップシステムが機能しなかったのか。

日経連の成瀬元常務理事はこう指摘する。「はなから企業は政府に人材育成を期待していない。求めていなかった。それよりも一括採用で入社した真っ白なキャンバスのような新入社員を、それぞれの企業の色に染め上げる日本独特の〝自前育成〟のほうが効率が良いと信じていた。それは今もそうかもしれない」。

労働者のキャリアアップに資する国レベルの施策を推進する厚生労働省と、それをどこか冷めてみている民間企業。国は人材育成事業に巨額の予算を投じるとするが、現実的な効果を生み出すためにはこのギャップを埋めることが鍵になるのかもしれない。

第2部　中流再生のための処方箋

第1部では「中流崩壊」ともいえるほどの個人や企業の姿をレポートしてきた。いっこうに抜け出せない「負のスパイラル」を断ち切り、疲弊した日本の中間層の活力を取り戻すためには、日本企業と労働者の労働生産性を高めて「稼ぐ力」を取り戻す必要がある。その鍵を握るといわれるのが「人材育成」である。

「失われた30年」で、日本企業はコスト削減に奔走した。そのなかで、人材育成はなおざりになり、日本企業の能力開発費はこの20年間で24％も減った（図）。日経連が「変えてはいけない」と掲げていた、日本企業の強みであった「長期的視野に立った経営」「人間中心の経営」は、「短期主義」「コスト主義」に変質してしまった。

その一方で、人材育成の〝企業依存〟は依然として続いている。企業の体力が弱り、人材育成に金をかけられなくなっているにもかかわらず、能力開発に対する国の支援策は十分ではない。

資源のない日本の国際的な競争力を維持するためには、継続して能力の高い人材を生み出せるよう育成していくことが不可欠であるにもかかわらず、政府も労働組合も雇用維持に目を向けて、人材育成や能力開発への長期的な取り組みを怠ってきた。特に全労働者の約4割を占める非正規雇用者の能力開発を誰がどう担うか、という現実的な議論はほとんどなされないまま20年以上が過ぎ去ってしまっている。

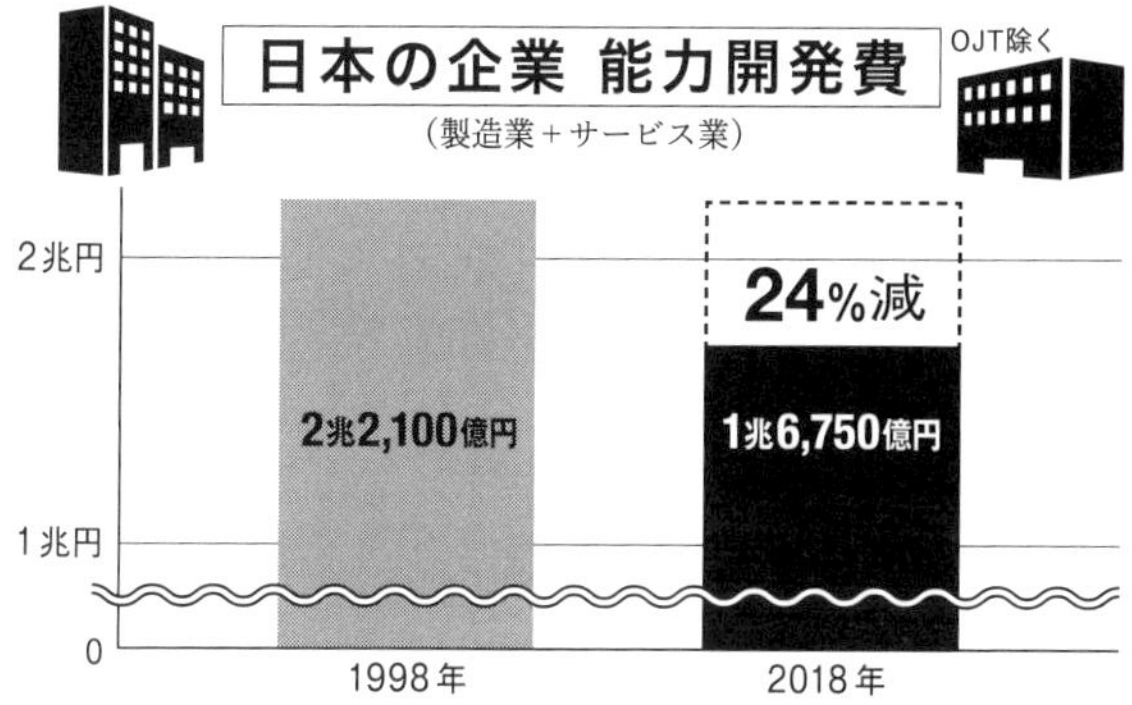

学習院大学の宮川努教授の推計によると、日本企業の能力開発費（OJT除く）は1998年から2018年の20年間で24％も減少したという（OJTについては144ページにて説明）

それは、日本が「何」で稼いでいくか、ものづくりの次の産業政策や国家戦略を描くことができず、どんな「人」を育てるかという目標も持ち得なかったということでもある。米国は金融とIT・デジタルで稼いでいくという明確なビジョンを掲げ、ベンチャー企業を育成。GAFAと呼ばれる巨大な新興企業が興隆し、世界経済の牽引役を担うまでになっている。ドイツでも2013年に「インダストリー4・0」を掲げ製造業の改革を推進。国家が企業や組合と「何」で稼ぐかを検討、合意してきた。人材育成も企業任せにせず、政府や労働組合、大学などが分担する仕組みも整えている。

こうした先進国と日本を比べると、国が担う人材育成策は随分と見劣りする。政府系の研究機関、労働政策研究・研修機構（JILPT）がまとめたデータ（データブック国際労働比較２０２２）によると、職業訓練など積極的労働市場政策への公的な支出（２０１８年）は、ＧＤＰに占める割合では日本が０・１５％なのに対し、ドイツは０・６８％（日本の４・５３倍）、フランスは０・７５％（同５倍）、デンマークは１・８９％（同12・６倍）などとなっていて、ヨーロッパ各国と比較して格段に低いことが分かる。

社会政策が専門で立教大学経済学部の学部長を務めた菅沼隆教授は、日本ではこれまで企業が担ってきた人材育成の主体が今は不明瞭になってしまっていると分析する。

「公的にどういう形で職業訓練を提供すればいいのかという戦略を、政府、経営者団体、労働組合のいずれも持ち合わせていません」

菅沼教授は、小手先ではなく、長期的視野に立ってどの産業を育てるのか、そのためにどんな人材を育てるのかという明確なビジョンを打ち立てないと、日本の停滞はさらに続くと警鐘を鳴らしている。

「今は無秩序状態でみんな不安ななかで個人レベルで色々な選択、決断をしなければいけないのが日本の状況です。一人一人の労働者の能力が向上して発揮できて、国際的な競争に勝てるような企業の競争力を作っていくことを考えなくてはいけません。国も職業訓練や職業紹介を民間に任せておけばいいんだということではだめで、改めて政労使で知恵を出し合って新しい労働秩序を作っていかないと日本は衰退する一方となってしまいます。修復は難しいですが、非常にコストをかけてでも取り組まないといけない」

中流復活の鍵を握るのは、国家レベルの人材育成策

日本経済は、さまざまな要因が複雑に絡み合ってできた〝負のスパイラル〟の袋小路に入り込んでしまっている。この連鎖を断ち切り、中間層の所得を上げるためにはどうすればいいか。残念ながら、かれこれ30年以上続く悪循環を断ち切る〝特効薬〟は存在しないのが実情だ。

そこで処方箋として鍵を握るのが、これまで軽視されてきた人材育成への投資である。近年、さまざまな産業で、ビッグデータを活用したＡＩ（人工知能）やＩｏＴ※を始めとするデジタル技術が急速に導入されるようになった。多くの企業で、ＤＸ（デジタルトランスフォーメーション＝Digital Transformation）と呼ばれる変革が進んでいるが、これを担う人材が決定的に不足している。こうした人材の確保には、企業も惜しげもなく費用を投じて、高い賃金を払ってでも労働力を確保しようという動きが強まっている。こうした状況を追い風にして、ＤＸに強い即戦力となる人材を国、企業、労働界の総力を挙げて育成することができれば、「短期主義」「コスト主義」の陥穽《かんせい》から抜け出すことができるかもしれない。

※《Internet of Things》あらゆる物がインターネットを通じてつながることによって実現する新たなサービス、ビジネスモデル、またはそれを可能とする要素技術の総称。

私たち取材班が、〝中流復活〟の鍵を握ると考えたのが「デジタルイノベーション」「リスキリング」「同一労働同一賃金」という3つのキーワードである。

①デジタルイノベーション

世界経済を牽引するのは、アップル、マイクロソフト、アマゾン、アリババ、テンセントなど、米国や中国のＩＴ企業だ。残念ながら、日本企業はデジタル投資に遅れをとり、欧米や中国企業にくらべて周回遅れになっているが、ここにきて投資を強化する動きが出ている。本来の強みである、ものづくりの高い技術と最新のデジタル技術を組み合わせることができれば、価格競争の消耗戦から抜け出し、新たなビジネスモデルで付加価値の高い「儲かる事業」を生み出すことができるはずだ。

②リスキリング

リスキリングは英語で書くと「Reskilling」。英和辞典をひくと「（就職支援のための）新技術教育」と訳されている。いま政府や経済産業省では一律の定義をしていないが、経済産業省のある検討会にリクルートワークス研究所が提出した資料に「新しい職業に就くために、あるいは、今の職業で必要とされるスキルの大幅な変化に適応するために、必要なスキルを獲得する／させること」という記載があり、メディアや企業などに引用されることも多いようだ。

詳しくは第6章で論じるが、ChatGPT（対話型ＡＩ）の登場にも象徴されるように、目覚ましい勢いで進歩を遂げるＡＩやデジタル技術の普及により、事務職や専門職の多くがコンピューターに代替される可能性が高まっており、将来大量の余剰人員が発生する可能性が指摘されるようになっている。

一方で、ＤＸに必要な人材は決定的に不足しており、このミスマッチを解消するために、欧米の先進国や国際企業を中心に、デジタル人材を生み出すリスキリングに取り組む例が増えている。

番組を放映した時点ではまだ馴染みのなかったリスキリングというキーワードだが、日本でも岸田文雄首相が２０２２年5月の英国訪問時の演説で初めて言及。同年10月にはこのリスキリングを含めた「人への投資」施策パッケージに5年間で1兆円の予算をあてると公表したこともあり、年末には「新語・流行語大賞」にノミネートもされるなどにわかに注目を集め始めている。日本でも前出のデジタル分野のイノベーションが本格化するにつれて、リスキリングでデジタルスキルを獲得した人材を高待遇で採用する動きが出てきており、賃金上昇につながる兆しも出てきている。

③同一労働同一賃金

〝同一労働同一賃金〟。日本労働組合総連合会のウェブサイトでは、「正社員であるか、パートタイム労働者・有期雇用労働者・派遣労働者であるかにかかわらず、企業・団体内で同一の仕事をしていれば、同一の賃金を支給するという考え方で、不合理な待遇差の解消を図るもの」と説明されている。

詳しくは第9章で説明するが、日本でも〝同一労働同一賃金〟についての法令が整備されている。しかし、実態は、正社員と同等の仕事をしているにもかかわらず、不合理な安い賃金や待遇で働かされているパートタイマーや非正規雇用者が少なくない。前述したように、すでに正社員ではない非正規雇用者は全雇用者の4割を占めるにいたっており、〝同一労働同一賃金〟の原則が正しく運用されるようになれば、それだけで確実に労働者全体の賃金アップにつながる。

日本には、子育て世代を中心に、フルタイムで働けないものの、限られた時間ならば仕事ができる優秀な人材が滞留している。こうした隠れた人材により魅力的な雇用条件を用意し、より多くの人々が活躍できるようになれば、企業も、たとえ正社員と同等の賃金を払っても十分コストに見合う効果が得られる。すでに欧米では、正社員と同等の賃金で働くパートタイマーが活躍しており、労働市場の重要な担い手となっている。

30年にわたり連綿と続いてきた〝負のスパイラル〟から脱することは簡単ではないが、①～③の施策を行えば、賃金が上がらない中間層の生活レベルを引き上げるきっかけとなるはずだ。実際、①～③の取り組みは欧米先進国を中心にして導入されており、着実に成果をあげている。

第2部「中流再生のための処方箋」では、中間層の所得の沈み込みを食い止めるための処方箋を考えていく。第5章で、日本で広がりつつあるデジタルイノベーションの取り組みを紹介、第6章ではリスキリングの効用、第7章では国をあげたリスキリング事業に着手したドイツ、第8章では試行錯誤が始まった日本のリスキリングの現状を報告する。そして、第9章では同一労働同一賃金先進国のオランダの現状と、日本の企業で始まった取り組みを紹介する。

第5章　デジタルイノベーションを生み出せ

イノベーションの波に乗り遅れた日本企業

第1部でみてきたように、バブル崩壊以降、多くの日本企業は価格競争に巻き込まれ、【価格の引き下げ】→【利益減】→【投資減】→【イノベーション難】→【賃金減】という〝負のスパイラル〟に陥った。逆にいえば、この悪循環のどこかを断ち切れば、〝負のスパイラル〟から抜け出すことができうるということでもある。その鍵が「イノベーションを起こす」ことだ。

1990年代以降、世界では新たな価値を生み出すイノベーションが次々と起きたが、日本企業はその波に乗り遅れてきた。それがよく表れているのが、時価総額を指標にした世界の企業のランキングだ（122ページ図）。1989年では上位20社のうち、日本企業は14社にのぼっていた。そのなかには、トヨタ自動車、新日本製鐵（現日本製鉄）、日立製作所、松下電器（現パナソニック）、東芝と、日本を代表する製造業界のトップ企業の名前も並んでいる。まさに「ジャパン・アズ・ナンバーワン」といわれた時代の象徴ともいえるだろう。

しかし、2023年のランキングでは、上位30社までみても、日本企業の名前はひとつも見当たらない。図にはないが、日本企業で最も時価総額が高いのはトヨタ自動車だが、

39位に過ぎない。この30年間で日本企業の相対的な影響力は著しく低下したことがわかる。

トップに名を連ねるのはアップル、マイクロソフト、アルファベット（Googleの持ち株会社）、アマゾンなど、米国のＩＴ企業が中心だ。このことからも見てとれるように、潮目となったのは、ＩＴ技術の革新とグローバル化だった。１９９０年代以降、世界ではデジタル化と製造業のアウトソーシング化が急速に進み、産業構造が大きく転換した。２０００年以降は、本格的なインターネット時代に突入しＧＡＦＡをはじめとするプラットフォームビジネスが次々に台頭した。２００７年には、米国でiPhoneが誕生し、翌年には、日本でもTwitterとFacebookがサービスを開始。瞬く間に世界を席巻した。しかし日本企業は、その波に乗り遅れ、世界のなかで次第に存在感を失っていったのである。

「技術」がイノベーションを生んだ時代は〝企業丸抱え〟が機能した

なぜ、日本企業はイノベーションを起こすことが難しかったのか。そこから脱却し、新たな「稼ぐ力」をつけるためには、何が必要なのか。私たちは、日本の「ものづくり」を支えてきた大手企業のなかでも、この30年盛衰が激しかった電機業界を中心に取材を進めることにした。しかし、取材交渉は想像以上に厳しいものだった。企業にとって、この30年を振り返ることは、決してポジティブな話にはならない。それがテレビで放送されること

世界時価総額ランキング（1989年）

順位	企業名	時価総額（10億ドル）	国・地域名
1	NTT	163.9	日本
2	日本興業銀行	71.6	日本
3	住友銀行	69.6	日本
4	富士銀行	67.1	日本
5	第一勧業銀行	66.1	日本
6	IBM	64.7	アメリカ
7	三菱銀行	59.3	日本
8	エクソン	54.9	アメリカ
9	東京電力	54.5	日本
10	ロイヤル・ダッチ・シェル	54.4	イギリス
11	トヨタ自動車	54.2	日本
12	GE	49.4	アメリカ
13	三和銀行	49.3	日本
14	野村證券	44.4	日本
15	新日本製鐵	41.5	日本
16	AT&T	38.1	アメリカ
17	日立製作所	35.8	日本
18	松下電器	35.7	日本
19	フィリップ・モリス	32.1	アメリカ
20	東芝	30.9	日本

様変わりした世界時価総額ランキング

（ダイヤモンドオンライン、ブルームバーグのデータをもとにみずほ証券が作成）

世界時価総額ランキング（2023年）

順位	企業名	時価総額（10億ドル）	国・地域名
1	アップル	2,609	アメリカ
2	マイクロソフト	2,146	アメリカ
3	サウジ・アラビアン・オイル	1,893	サウジアラビア
4	アルファベット	1,330	アメリカ
5	アマゾン・ドット・コム	1,058	アメリカ
6	エヌビディア	686	アメリカ
7	バークシャー・ハサウェイ	676	アメリカ
8	テスラ	656	アメリカ
9	メタ・プラットフォームズ	549	アメリカ
10	ビザ	475	アメリカ
11	テンセント・HD	470	中国
12	LVMHモエヘネシー・ルイヴィトン	461	フランス
13	TSMC	453	台湾
14	エクソンモービル	446	アメリカ
15	ユナイテッドヘルス・グループ	441	アメリカ
16	ジョンソン・エンド・ジョンソン（J&J）	404	アメリカ
17	ウォルマート	397	アメリカ
18	JPモルガン・チェース・アンド・カンパニー	384	アメリカ
19	ノボ・ノルディスク	361	デンマーク
20	プロクター・アンド・ギャンブル（P&G）	351	アメリカ

注：1989年は12月31日時点、2023年は3月31日時点

は、ブランドを背負う企業にとってはリスクとも受け取られ、ためらわれてしまったのだ。

そうしたなか、ようやく、ある企業が取材に応じてくれることになった。大手電機メーカーのＪＶＣケンウッドだ。過去の課題を踏まえて、いま再び「稼ぐ力」を取り戻すべく変革している姿を伝えてほしいと、取材に応じてくれたのだ。


「こちらに展示してあるのは、歴代の商品ですね」

経営戦略を担う執行役員の林和喜さんが、社内の展示品コーナーを案内してくれた。ＪＶＣケンウッドの前身にあたるのは、蓄音機に耳を傾ける犬のマークがトレードマークの日本ビクターと、無線機や車載製品で知られるケンウッドだ。

展示品コーナーには、世界の標準規格となったビデオデッキ、世界最軽量のビデオカメラ、高音質のカーオーディオなど、80年代を中心に生み出された両社の商品が、ずらりと並んでいた。当時「最先端」といわれた商品ばかりだ。林さんは、１９８４年に発売された赤色が基調のビデオカメラを手に取り、懐かしむように説明してくれた。

「こちらは発売当時１・９kg、世界最軽量の商品ですね。それまではカメラとビデオデッキが分離型でしたが、一体化して小型化されたものです。非常に〝エポックメーキング〟なことで、家庭にどんどん入って、子どもの成長シーンを撮影するなど、ライフスタイル

1984年に世界最小最軽量の一体型ビデオカメラとして登場した「GR-C1」を持つJVCケンウッド執行役員の林和喜さん（©NHK）

を変える新たな文化が生まれたのではないかなと思います」

実はこのビデオカメラは、世界中で大ヒットしたSF映画『バック・トゥ・ザ・フューチャー』のなかで、〝未来〟の映像記憶装置として登場している。まさに日本の「ものづくり」の技術が世界で高く評価され、「ライフスタイルを変える新たな文化」を切り開いた時代であったことが、林さんの話から実感することができた。

こうした全盛期の1985年に、日本ビクターに入社した林さん。配属されたのは、当時「最も忙しかった」といわれた、ビデオカメラの設計部だった。林さんたちに求められたのは、より小型で、より性能の高い商品を開発することだったという。

「当時の技術屋は、迷いなく突き進んでいきました。右肩上がりに市場を作っていけるということで、技術がイノベーションを生んで、イノベーションが新しい市場を生んで、それが世の中をつくり上げた時代だったかなと思います」

既存の商品を改良していくことで、大きな利益を得られた時代。企業が自前で設備や人材を抱え、社員を一から育てていく〝企業丸抱え〟のシステムはうまく機能していた。林さんは、「大きな、安定した船の上で、安心して進んでいけた」という。その安定があるからこそ、開発に邁進できたのだ。社員は、チーム一丸となって切磋琢磨し、エンジニアたちは特定の技術をより深く磨いていったと、林さんは振り返った。

入社して間もない頃の、林さんの写真を見せてもらった。桜の木の下で、同じ部署に配属された同僚ら21人と林さんは並んでいた。林さんをはじめ、ひとりひとりの表情は、希望に満ち溢れているようだった。明確な目標に向かって、「迷いなく突き進めた」のである。

ところがその後、ＩＴ技術の革新とグローバル化が進むにつれて、これまでのような形でのイノベーションが起こせなくなっていく。その背景には、〝企業丸抱え〟という〝大きな船〟であるがゆえに、新たな方向へと柔軟に舵を切ることが難しいというジレンマがあった。

負担となった〝企業丸抱え〟システム

２０００年代に入ると、台湾や中国などアジアのメーカーの台頭で価格競争は激化。さらに、映像・音響メーカーにとっては、インターネットによる音楽配信ビジネスの市場が拡大するなど、市場環境が急速に変化する難しい時代に入った。こうしたデジタル化の波に乗り遅れた日本の電機メーカーは、徐々に苦戦を強いられるようになっていく。

ビデオカメラの開発を担う林さんは、２０００年代に入るとハイビジョン化、バッテリー内蔵型、防水、長時間記録など、商品の改良をさらに重ねていった。林さんは年代ごとに、商品の一部を並べてくれた。目の前に並べてもらった商品を見れば、その変遷は一目瞭然だった。80年代には１・９kgで当時最軽量だったものが、20年経つと手のひらサイズにまで小さくなっている。それは同時に、既存事業が〝成熟〟した表れでもあったのだ。

「技術的にはかなり突き詰めたところまでいった感触があり、２０００年代後半には、いよいよ差別化できない時代に入っていた」と林さんは振り返った。

さらに、大きな打撃を受けたのが、「スマートフォン」の登場だった。スマホで動画を撮るのが当たり前の時代へと移り、ビデオカメラの売れ行きは、急速に落ち込んだのだ。

なぜ、変化を先取りして新しい「成長の種」を見つけることができなかったのか。林さんはこう分析する。

「我々はものづくりを主にしてきているので、大きな工場を抱え、そこに従業員がいる。そういったところを支えていくことを大命題として、いつも考えていた。この大きな事業を回すのに一生懸命だったし、そちらの事業を優先したということですね」

林さんも、2008年にはマレーシアの工場で社長を任され、12ほどのラインがあった工場はフル稼働し、年間で300万台以上を生産した製品もあったという。会社の至上命題はすでに抱え込む巨大事業をどう回していくかにあった。つまり、多額の資金を投入してきた設備と人材を自前で抱えているため、既存事業から成長分野に柔軟に移行することは難しかったのだ。

林さんはいま振り返ってみると、反省することがあると、本音を口にした。

「イノベーションを生む人材を大事にしていたか。それを見つけていたか、その人たちを活用していたか。もしかすると、不足していたんじゃないかな」

当時は売り上げが低迷するなか、新規事業に投資する体力は削られていき、たとえイノベーションを生む人材がいたとしても、そこに目を向けて生かす余裕はなかったという。かつて機能していた〝丸抱え〟のシステムは、かえって負担となっていった。

とはいえ林さんたちは、イノベーションを生む努力をしていなかったわけではなかった。クラウドやIoTなどのデジタル技術を使った新しいビジネスを立ち上げようと、試していたそうだ。しかし、うまくビジネスとして軌道には乗らなかった。それができなかった理由は、すでに示したように、巨大な既存事業を回すことが優先で、人や設備に充分な投資ができなかったことが大きいが、他にもあるという。

「技術でイノーベーションを起こせる人材はいたけど、マーケット視点のイノベーションを生む人材が不足していた、その取り組みは充分じゃなかったですね」

つまり、自社で一から育った社員たちは、特定の分野で技術を極めていったが、ともすると、自社の強みとなる技術や企業方針を基準として、サービスや製品を開発する「プロダクトアウト」の発想を越えることができなかった。顧客ニーズを把握し、「顧客が求めるもの」を優先して製品を開発する「マーケットイン」の発想が欠けていたというのだ。

日本ビクターとケンウッドは生き残りをかけて2008年に経営統合。企業は、再び稼げるよう構造改革に踏み切った。2011年には、テレビやビデオカメラなど主要事業を縮小。それに伴い、正社員はおよそ740人が削減された。

「赤字を出し続けるわけにはいきませんでした。既存事業が雇用を支えることができない以上、やむを得ないことだったと思いますが、非常に優秀な人材が外へ出て行ったので、大変寂しい悔しい思いはありましたね」

企業が〝丸抱え〟するシステムは、限界に達したのだった。

再び稼ぐ力を――モノからサービス事業への転換

いま、ＪＶＣケンウッドは稼ぐ力を取り戻すため、既存の「ものづくり」事業から、デジタル技術を駆使した「ソリューションサービス」事業への転換を図っている。その主力が、通信機能を備えたドライブレコーダーだ。従来と異なるのは、顧客とその売り方だ。これまでは、製品を量販店などに卸し、ドライバー個人に直接売るビジネスが主流だった。

しかし新たな事業では、顧客はドライバーではない。代表例は、損害保険会社だ。その仕組みはこうである。事故などの際に、衝撃検知時の映像や位置情報が、保険会社のコールセンターに自動で送られる。同時に、オペレーターとも自動でつながり安否などを確認。保険会社は、事故の状況を迅速かつ的確に判断でき、ドライバーをサポートできるというものだ。

さらに、事故の未然防止につながる機能もある。車内側を録画しているドライブレコーダーが、ＡＩによって脇見運転などを判断し、ドライバーに警告する機能を開発。保険会社にとっては、ドライバーが安全運転であるほど、保険料金を下げるサービスを提供できる。

このように製品を通じた「サービス」も顧客に提供することで、この事業の売り上げは、

3年で6倍以上に伸びた。新たなビジネスモデルによって、収益は継続的に得られるようになると、林さんはいう。

「いままでは単に商品を売って終わりでしたが、通信機能によって、サービスをアップデートして、付加価値を高めていくことができる。1台で何年もサービスを継続して提供できて、その対価をいただくということで、我々の成長が描けるのではないかと考えています」

鍵は〝人材投資〟

こうした変革を進められているのは、なぜなのか。鍵となったのは、「人材登用」のあり方を大きく見直したことだという。その一つが外部人材の登用だ。このサービスを開発した部署では、3割が外部からの人材。ソフトウェアに詳しいエンジニア、市場の開拓が得意な商社マンなど、多様な人材を採用した。中途入社した社員のなかには、もともとベンチャーやIT企業で働いていた人も少なくない。「ものづくりの世界にいる我々にとっては非常識なことも、彼らにとってみたら常識」ということが、多くあったと林さんはいう。異なるアイデア、考え方、経験値、人脈を持っている人たちによって、新たな市場を開拓していくことができたのだ。

また、ソフトウェアなどの技術についても、これまではすべて自前にこだわっていたが、顧客の求めるスピードに対応するために、他社と組む選択肢も取り入れた。こうして、人材も技術も自前で抱えてきたやり方を変えていくことで、実績を伸ばすことができているという。

さらに、外部人材だけでなく、長年働いてきた社員にも、新たな分野に挑戦する機会を設けている。公募制で、新規事業に携わりたい社員を自発的に募った。社員のモチベーションや可能性を広げるためでもある。

手を上げた一人、入社20年目の小野寺毅さん。エンジニアとして、以前はカーナビの設計を担当していたが、いまはＡＩを使った動画の解析を行っている。取材で会社を訪ねたこの日、小野寺さんは自席でパソコンとドライブレコーダーを接続し、映像の解析をしていた。録画した顔の角度の傾きによって、脇見運転かどうかを判断するＡＩの性能を、アップデートしているという。小野寺さんに、手を上げた理由を聞いてみると、こう言った。

「以前の部署では一人ひとりがすごい技術を持っていた。そういう一つの道を究めるのもあるかなと思うんですけど、クラウドやＡＩが流行りだしてきて、新しいことをやりたいと思うようになったんです」

前述した林さんの言葉「イノベーションを生む人材を大事にしていたか。不足していたのではないか」という当時の反省が生かされて、イノベーションを生む人材を発掘し、登用するという試みが徐々に成果をあげつつある。

〝マインドチェンジ〟が必要

この日は、新しい顧客の開拓に向けて、会議が開かれた。ドライブレコーダーを使った運転リスクの軽減などの機能を生かして、今後はトラックやタクシーの運転手を多く抱える運送業界への販路拡大も目指している。参加者のなかには、エンジニアだけでなく、営業やマーケティングなど、さまざまな職種の社員がいた。積極的に発言をするのは、外部から中途採用された社員たちだ。小野寺さんは、こうした環境のなかで、これまでの働き方と異なる「マインドチェンジ」が必要だと感じているという。

「私がこれまで経験した部署では、技術者はもう技術だけしか考えていなくて、自分の与えられた仕事だけをやっていればいいっていう感じだったのが、（新しい部署では）顧客が、どういうサービスを欲しているのかを常に考えるようになった。これからは、それをどう実現するのか、どうアプローチすれば、その仕事をもらえるのか、一つの技術じゃなくて全体を俯瞰的に見られるような考え方ができるように、マインドチェンジしていかなきゃいけないと思っています」

この部署ではいま、人材育成にも力を入れ、社員の「マインドチェンジ」を促している。取材の日も、外部講師によって、新規事業を展開するために必要な考え方についての研修が行われた。エンジニアである小野寺さんも参加し、「マーケティング」についての視点を学んでいた。一方でこうした人材活用の取り組みは、まだ一部の部署にとどまっている。

すべての事業に一気に展開するのは難しいが、将来性が期待できる事業を「選択」し、投資を「集中」することで、デジタルイノベーションを実現し、「稼ぐ力」を取り戻していきたいと、林さんはいう。

「成長事業に対してスピード感を持って、優先的に投資し、人的資源を回すことに積極的に取り組んでいく。今までのしきたりとか制約にとらわれない柔軟な考えを持って、企業自身がどんどん変わっていかなきゃいけない」

製造業からサービス業へ

ＪＶＣケンウッドのように、日本の得意とする製造業にサービス事業を組み合わせた新ビジネスを始める日本企業が最近増えてきた。そのお手本とされるのが、日立製作所である。

日立製作所といえば、家電製品や鉄道、発電所などをイメージされる方も多いかもしれ

日立製作所が開発した、イタリア・ジェノバ市に採用された公共交通機関向けスマートフォンアプリ。環境負荷が軽い公共交通機関の利用を促すさまざまな工夫がなされている（©NHK）

ないが、近年、ＩＴビジネスに力を入れており、その企業像を急速に変えている。

変革のきっかけは２００８年度。当時、国内の製造業として過去最大となる７８７３億円の赤字を計上したことだった。

ここから構造改革に着手し、抜本的な人事制度改革、また事業の選択と集中を繰り返しながら、今はデジタル技術を生かし、国内外の社会課題を解決するソリューション事業に力を入れているのだ。

例えば、コロナ禍では、駅にある既存カメラの画像を個人が特定できない形で活用するソリューションを導入。利用者がリアルタイムに駅の混雑状況を確認することで、３密を避けた行動をサポート。感染拡大の防止につなげるねらいだ。また、２０２２年夏にはイタリア・ジェノバ市にて、とあるスマートフォン用のアプリを導入した。複数の公共交通機関を使ってもスマホを出し入れすることなくハンズフリーで移動でき、1日の最後に最も安い運賃が自動決済される仕組みだ。利便性の向上だけでなく、市民に公共交通機関の利用を促すことで、環境負荷の面で課題となっている交通渋滞の解消にもつなげようという狙いがある。今やこうしたデジタル技術を使ったソリューション事業の利益率は約14％で、グループ全体の利益率の1・7倍に上っているという。

多くの日本企業が、デジタル化の波に乗り遅れて、欧米先進国や新興国との競争に遅れをとるなかで、なぜ重厚長大企業の象徴とされてきた日立製作所が、他社に先駆けてデジタルイノベーションの取り組みをいち早く成功させることができたのか。実はその鍵は「リスキリング」というキーワードに隠されていた。

第6章　リスキリングのすすめ

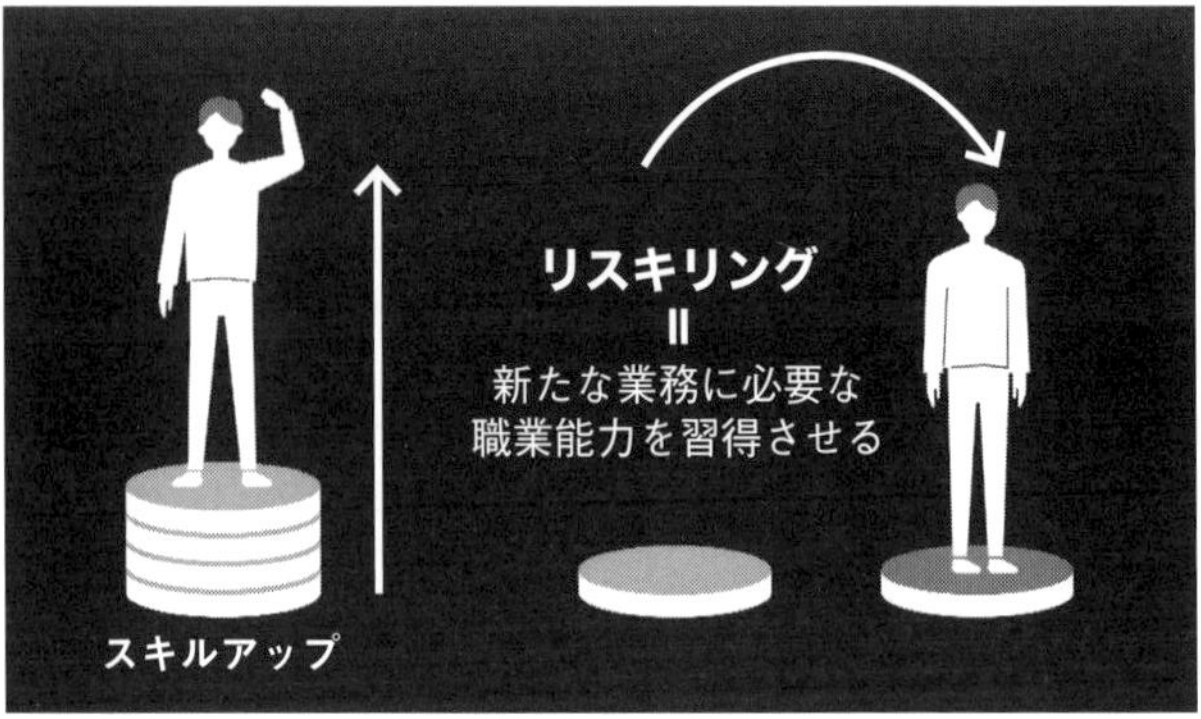

スキルアップとリスキリングの違い（©NHK）

第5章では、デジタルイノベーションを通じて、「稼ぐ力」を取り戻そうとするJVCケンウッドの取り組みを紹介するとともに、ソリューション事業を成功させた日立製作所を取り上げた。

かつて〝重厚長大〟の代名詞的存在だった日立製作所。いち早く構造転換を実現したひとつの要因としてあげられるのが、他のエレクトロニクス企業に先駆けて取り組んできた「リスキリング」だ（同社の具体的な取り組みについては本章の後半で説明する）。

「リスキリング」という言葉、最近よく耳にするようになったと感じる方も多いのではないだろうか。

前述したように、いま日本においては国による明確な定義はなされていない。私たちが番組を制作した際には、専門家取材を踏まえて、「いま持っているスキルをレベルアップさせる従来の〝スキルアップ〟とは異なり、事業環境の変化に合わせて、新たな業務に必要な職業能力を習得させせること」と説明した。さらに具体的にかみくだけば、「企業や行政が主体となって、働く人に、デジタルなど成長分野の業務に就くために必要な新たなスキルを習得させせること」と言えるだろう。

よく混同されることが多いが、社会人の学び直しに代表される「リカレント教育」のように個人の関心を原点とするものとは違う。リスキリングは基本的にはあくまで企業や行政が責任をもって行うもので、企業が実施する場合は、〝業務〟として就業時間内に行うことが必要だと言われている。

また前述したように、同じ業務のための学びの中でも、いま担当している業務のスキルを向上させる、いわゆる「スキルアップ」とも違い、あくまで〝新たな〟成長分野の業務に就くための学びであることが特徴である。リスキリングが目指すのは、分かりやすい例でいえば、工場の製造ラインで働く人や経理事務を担当していた人に、プログラマーやAIエンジニアなどデジタル分野の業務に就いてもらうようなことである。

リスキリングが世界で注目される理由

そもそもなぜいま、リスキリングがここまで注目されているのだろうか？　その背景には「技術的失業」に対する強い危機感がある。

「技術的失業」とはテクノロジーが導入されることにより自動化が加速し、人間の雇用が失われることをいう。いまChatGPT（対話型ＡＩ）の登場でますます現実味を帯びてきたが、これまでも人間の雇用がＡＩやロボットに取って代わられる可能性が示されてきた。『自分のスキルをアップデートし続ける　リスキリング』を執筆したリスキリングの第一人者・後藤宗明さんはこう言う。

「２０１３年にオックスフォード大学のマイケル・Ａ・オズボーン教授らが『今後10～20年の間に米国の総雇用者の約47％の仕事が自動化され消失するリスクが高い』と発表し、世界に衝撃を与えました。その後も、ＡＩや機械学習の劇的な進化は加速し、２０２０年10月に世界経済フォーラムが発表したレポートのなかでは、『今後5年間で、人間、機械、アルゴリズムの労働分担が進むことによって、８５００万件の雇用が消失する』と発表されています。ただ一方で、同じレポートでは『９７００万件の新たな雇用が創出される』とも付け加えられているのです」

テクノロジーの進展によって業務を失う従業員が新たに創出される仕事に就けるようにし、「技術的失業」を解決していく策として注目されているのが、リスキリングなのだ。

世界で加速するリスキリング

「技術的失業」に対する危機感を背景に、いま世界では、リスキリングを導入する動きが加速している。世界経済フォーラムでは2020年1月に「2030年までに全世界で10億人をリスキリングする」という宣言を採択。こうした中、さまざまな国や地方自治体、そして企業でリスキリングが始まっているのだ。

国をあげたリスキリングに着手しているのは、「インダストリー4・0」を掲げ、製造業のデジタルイノベーションを推進するドイツだ。ドイツの国家レベルのリスキリングの取り組みの詳細は次章（第7章）で解説するが、こうした動きは全世界に広がっている。シンガポールは、希望すれば国民全員にリスキリング費用を支給する制度を作り、オーストラリアのキャンベラ市ではEV（電気自動車）分野に特化したリスキリングが始まった。英国では脱炭素化に向けた「グリーン・リスキリング」に取り組み、2030年までにこの分野で170万人分の仕事を創出することを目指している。

政府や自治体ばかりではない。企業もリスキリングに莫大な投資を行っている。例えば、自動車部品最大手のボッシュは、約40万人の従業員を対象に、2026年までの10年間で約2800億円を投資しリスキリングを実施。世界7ヵ所に研修プログラムや学習ツールを提供する専門組織「ボッシュ・トレーニング・センター」を設立し、最先端のソフトウエアスキルやコーチングなど、現在の業務とは関係ないことも学べる場を提供しているという。自動車業界は今、急速な電動化など100年に一度と言われる大変革期にあり、これを乗り越えていくためにもこうしたリスキリングの強化が欠かせないのだ。

こうした動きは、さまざまな業種で広がっており、リスキリング先駆者といわれる米国の大手通信事業社のAT&Tをはじめ、世界的なアパレル企業であるリーバイスや世界最大手のネット通販企業アマゾンなど多くの企業がリスキリングに取り組んでいる。

世界の名だたる企業がリスキリングに熱を上げて、巨額の資金を投入する背景には、〝投資〟に見合うリターンが望めると踏んでいるためだ。デジタルイノベーションを推進するためには、AIやデジタルマーケティングなどに精通した人材が必要となるが、外から専門人材を採用するよりも社内人材をリスキリングするほうがコストが低く済むと言われている。前出の後藤宗明さんによると、採用コストと比較して従業員へのリスキリングコストは6分の1で済むという説があるという。さらにある分析では、リスキリングの成果を出すには平均で12～18ヵ月必要であるものの、それでもなお、外から採用する場合に比べてコストが低いという結果も出ているそうだ。

DXへの取り組みは、IT企業にとどまらず、いわゆる旧来型の企業にも広がっている。そのためデジタルに精通した人材は引く手あまたで、完全に〝売り手市場〟だ。実際に、外部からの人材登用となると、高待遇の条件を用意しなければならず、採用費用を含めるとかなりの投資が必要になる。また、せっかく採用した人材も、会社の文化に合わずにすぐ退職してしまったり、好条件を提示する競合他社に転職してしまったりというリスクもある。それならば即戦力ではなくても社内業務を把握し、企業文化も理解している社員をリスキリングしたほうがデジタル化も早く進み、結果的にうまくいく……ということなのだ。

社員のリスキリングを通じて、デジタルイノベーションを加速し、企業の生産性を向上させ利益を高めることができれば、社員に賃金上昇という形で還元できる可能性も高い。今やリスキリングは、企業の業績改善のみならず、所得中間層の賃金アップ、さらには国の経済発展の鍵として期待を集めている。

日本の現在地

それではリスキリングに関して日本企業の現在地はどうなっているのか。リスキリングの取り組みを国際的に比較分析するデータはないが、前述したとおり、日本では、欧米に比べると人材投資がされてこなかった傾向があるようだ。

次のページのグラフは、企業による人材投資※の国際比較を表している。

※OJTを除くOFF-JTの額（企業内外の研修費用等）。OJT（On-the-Job Training）は一般的に、職場で仕事をしながら上司や先輩等の指導のもとで仕事を覚えていく訓練。

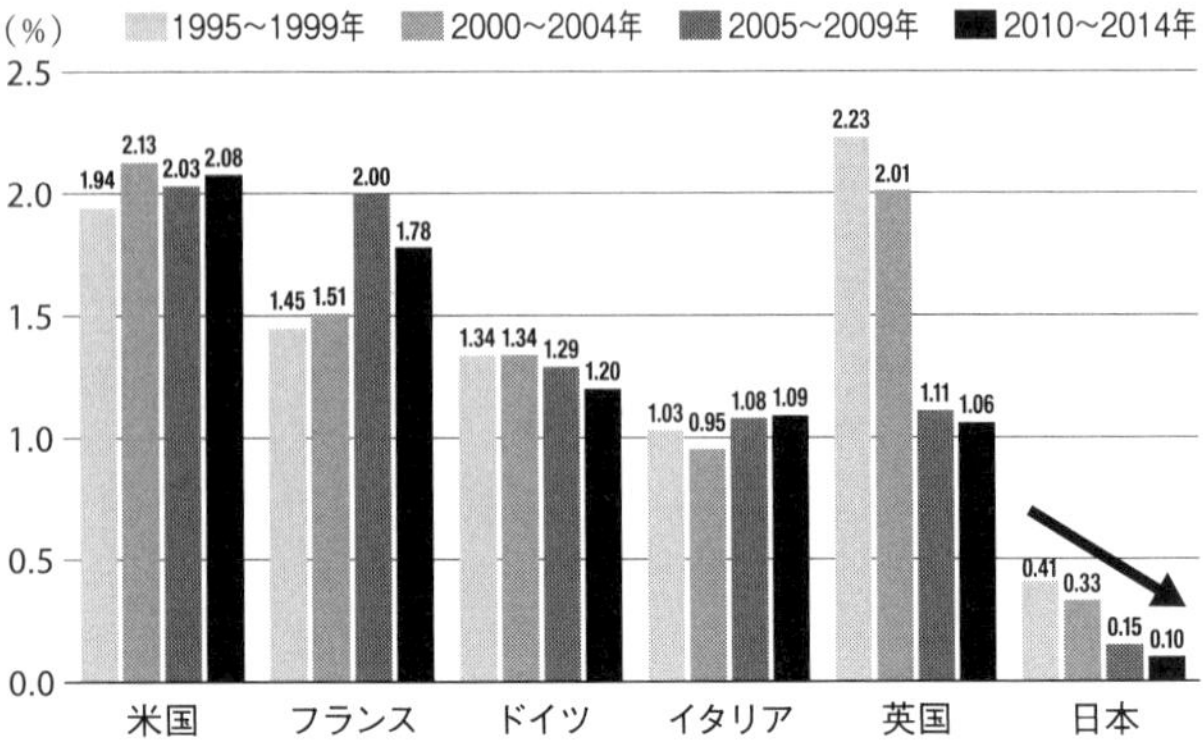

企業の人材投資（OJT以外）の国際比較（対GDP比）

注：内閣府「国民経済計算」、JIPデータベース、INTAN-Invest databaseを利用し、学習院大学経済学部宮川努教授が推計。（出所）厚生労働省「平成30年版 労働経済の分析――働き方の多様化に応じた人材育成の在り方について」をもとに作成

日本企業の人材投資は、２０１０〜２０１４年に対ＧＤＰ比で０・１％にとどまり、米国（２・０８％）やフランス（１・７８％）など先進国に比べて圧倒的に低い水準にあり、かつ、近年さらに低下傾向にあることがうかがえる。もちろん日本は、伝統的にＯＪＴで人を育てる傾向にあるなど簡単に比較できない部分はあるが、欧米に比べると人材投資に消極的であることは否定し難い。

バブル崩壊以降、多くの日本企業では、厳しい経営状況の中で人材投資を圧縮すべきコストと捉えてきた。また、人材投資をしても人材流出につながってしまうという危惧から人材投資を敬遠してきた。多くの専門家は「日本の企業には人材投資にお金をかける文化が育っていない」と指摘している。こうした状況の中、岸田文雄首相は2022年10月、このリスキリングを含めた「人への投資」施策パッケージに5年間で1兆円の予算をあてると公表しているが、欧米の先進国に比べると、取り組みはまだ緒についたばかりだ。

リスキリングは儲かる

今のところリスキリング途上国にも見える日本だが、先行事例がないわけではない。第5章や本章の冒頭でも紹介した日立製作所である。

同社は、2019年にこれまで分野ごとに分かれていた研修所を統合し、新しい研修機関「日立アカデミー」を設立。特に注力するのが、デジタル人材の育成だ。

日立製作所では、顧客の課題を捉えて解決策を描くデザインシンキング、膨大なデータを分析し価値を生み出すデータサイエンスなど、デジタル事業に必要な12種類のスキル（2022年時点）を定めたうえで、担当する事業に求められるいずれかのスキルを持っていれば〝デジタル人財〟に認定している。この人材育成のために「リテラシー向上」「ベーシック」「アドバンス」「プロフェッショナル」という4段階の教育プログラムを設け、約130コースを提供している。

デジタル人材の育成に力を入れる日立製作所の研修機関「日立アカデミー」による社内研修の様子（©NHK）

２０２０年度には国内のグループ企業の全社員を対象に、デジタルリテラシー向上のためのＤＸの基礎研修を実施し、のべ16万人が受講。さらに２０２１年度までに３０００人のデータサイエンティストを養成するなど成果を上げ、２０２２年度末時点で、〝デジタル人財〟は８万３０００人（国内４万２０００人、海外４万１０００人）となった。

同社は、さらにリスキリングを強化するため、２０２２年10月には社員ひとりひとりのキャリア志向にあわせた自主的な学びをサポートするため、「ＬＸＰ」という学習システムを導入した。専用のサイトに、今の仕事や「デジタルマーケティング」「データサイエンス」など強化したいスキルを登録すると、ＡＩが自動で分析し、その社員にあう研修や教材を２万以上のコースから選んで提案し、社員はオンラインで無料受講できるという。日立はこのシステムの導入に4億円投資していて、2024年度末までに〝デジタル人財〟を国内外で9万7000人まで増やす目標を掲げ、力を入れているのだ。

最高人事責任者の中畑英信専務に話を聞くと、確固たる決意で次のように語った。

「ものづくり中心の時代はいい製品を作れていれば、お客様に買っていただける。以前はそういう世界でしたが、そうではなくなってきました。デジタルに大きく事業展開しているので、従業員もデータサイエンスやAIなどのスキルを身につけたい、あるいは会社としても身につけてほしいので、特に注力していきたいと思っています」

また、新たなスキルは、将来的に報酬と連動していくだろうとも語っていた。

「いわゆる成長する事業に人はどんどん動いていくと思うので、伸びる分野のジョブ、ポストについては多分報酬は上がってくると思います」

他の日本企業に先行して、デジタル事業に先行投資したことが奏功し、目下、日立製作所の業績は絶好調だ。2022年度連結決算は、純利益が前年度比11・3％増の6491億円となり、過去最高を更新した。連結売上高は前年度比6％増の10兆8811億円。驚くべきことに、このうちの約1兆9600億円をデジタル技術を使ったソリューション事業が占める。もはや重厚長大の電機メーカーという日立製作所のイメージは過去のものになりつつある。

利益に占めるデジタル事業の貢献度は高く、同社の成功を見ると、〝デジタル人財〟の能力開発に多額の投資をしても、それに見合う以上のリターンが得られることがわかる。

人材投資をコストと見なし、極限までのコストカットを続けるだけでは、日本企業の「稼ぐ力」はいつまでも回復せず、日本経済を支えてきた「中流」の復活は絵に描いた餅に終わるだろう。リスキリングにいち早く挑戦して、「稼ぐ力」を取り戻した企業の取り組みには、〝負のスパイラル〟から抜け出し、所得中間層「中流」を復活させるヒントが隠されているように思えてならない。

第7章　リスキリング先進国ドイツに学ぶ

自動車工場を解雇されたコペッキーさん

ドイツ南部の自動車部品工場で30年間働いてきたマーティン・コペッキーさん（52歳）は落胆した表情を隠さなかった。およそ30年の長きにわたって勤めてきた工場が閉鎖することになり、解雇を宣告されたのだった。これまでブレーキ部品の最終検査を担当してきたコペッキーさん。彼が所属する工場は、メルセデス・ベンツ、フォルクスワーゲン、アウディ、BMWなどドイツが誇るほとんどの自動車メーカーのためにブレーキを作ってきた。彼は、安全運転の要となるブレーキを作る自身の仕事を誇りに思っていた。しかし自動車産業の大幅な転換のなかで、突如として自分の職場がなくなってしまったのだ。

ドイツの自動車産業は「EVシフト」に直面している。EVシフトとはCO_2を排出するガソリン車に代わり電気自動車への大転換を推し進める産業構造の変化だ。2015年に締結されたパリ協定に基づき、世界ではCO_2削減がすべての経済活動に課された。2021年7月にはEUとして、2035年にハイブリッド車を含むガソリン車の新車販売を事実上、禁止する方針を打ち出した。これによってこれまでガソリンエンジンで動いていた自動車はいっせいに電気自動車への製造シフトが余儀なくされた。

2021年9月、コペッキーさんが勤めてきたドイツ南部ローディングの工場では、ルノーなどの自動車メーカーにエンジン部品を納めていたが、3年後の工場閉鎖を決定した。その結果、450人の労働者の多くが解雇された。

「怒りを通り越して会社には失望した。人生の一幕が終わった」

コペツキーさんはカメラの前でこう語った。

ドイツは日本と同じ「ものづくり」で発展してきた国。中でも製造業では、伝統的なマイスター制度が存続しており、特定の分野に長けた技術者に対して「マイスター」の資格を与えて、厚遇してきた。自動車部品工場で働く技術者たちは、プロフェッショナルとして、高く尊敬されてきたのである。ドイツを牽引してきた自動車産業でこんなにも大胆な変化が訪れることにコペツキーさん自身もまったく予想もつかなかったはずだ。まさに晴天の霹靂《へきれき》だった。

コペツキーさんを大きく変えた「リスキリング」

その1年後、2022年7月にコペツキーさんを再訪すると、彼はまったく違う表情で私たちを出迎えてくれた。

「いまはすべてが上手くいっています」

聞けば、彼は国の職業訓練制度を使って、ビッグデータを分析する講座を半年間学び、

リスキリングによって、自動車部品工場のエンジニアから経営管理システムなどの保守・構築を担うシステムエンジニアに転身したマーティン・コペツキーさん（©NHK）

ビッグデータの資格を習得。この7月から企業の経営管理システムなどの保守・構築を担うシステムエンジニアとして転身していたのだ。いまは試用期間中のため前より給料は低いが、今後は収入も以前より増えていく見込みだ。以前の工場勤務の時は病気がちだったが、いまでは体重も減量し、体調もすこぶる良いという。52歳で解雇の憂き目に遭ったなかでも、未経験のデジタル分野への転身を果たした。この〝華麗なる転身〟をもたらしたのは、ドイツが国を挙げて取り組んでいる国民へのリスキリングだ。

インダストリー4・0を推進するドイツ

ことの始まりはドイツ政府の「インダストリー4・0」構想にある。

1990年代から2000年代にかけてドイ

ツ経済は「独り勝ち」とも言われるほど発展していたが、中核となる製造業が需要飽和により失速。「欧州の病人」とも呼ばれる事態に発展した。さらに2000年代後半以降はGAFAをはじめとする、インターネットのプラットフォームビジネスが台頭していた。「製品」を作る「もの作り」で終わっていた製造業は、「製品と情報」を組み合わせて付加価値の高い商品を作るサービス産業への転換が求められていた。

たとえば、肥料メーカーは、これまでのように肥料を製造・販売するだけでなく、顧客に対して、各農家の位置情報やここ数年の天候のビッグデータと組み合わせて、肥料の最適な量や散布時期などの情報を提供し、化粧品メーカーでは、肌の色や皮膚の特性などの情報をもとに一人ひとりにあった化粧品の選択やメイクの仕方を助言、電機メーカーでは冷蔵庫の中身から食事の献立を提案するといった具合に、「商品+情報」で新たなサービス産業を創出しようというのだ。

2011年、ドイツは、従来の製造業からの転換を目指して「インダストリー4・0」=第四次産業転換を掲げた国家プロジェクトを始めた。提唱したのはドイツ工学アカデミー評議会議長でメルケル政権の科学技術参与だったヘニング・カガーマンだ。彼は以前からインダストリー4・0の構想を発表し、政府、企業、労働組合を巻き込んだ産業転換の必要性を訴えていた。

私たちの取材に対して、カガーマン自身がこの野心的な構想が目指すものを語ってくれた。

「出発点は２００８年の金融危機・経済危機でした。このような衝撃的なできごとに対応するに当たって、新しい産業の在り方が模索されました。当時始まったプラットフォームエコノミーの観点から、持続可能なビジネスの在り方と、ビジネスプロセスがより消費者の習慣や好みにもっと沿った形で展開できる在り方はないのか考えたのです。そこで行き着いたのがスマートサービスであり、〝スマート工場〟です」

インダストリー４・０が目指すのは、インターネットやビッグデータ、ＡＩなどを徹底活用することで生産の効率化を進めること。これまでまず手作業などアナログで行われていた生産工程をすべて見直す〝スマート工場〟の実現に取り組んできた。

〝スマート工場〟では、人力による多くの手作業はロボットや機械が代替する。そのためこれまでアナログで働いてきた技術者たちは、ロボットに置き換わり、他の仕事に従事することが求められる。

カガーマンは取材に対してこのように話してくれた。

「１番目の目標は労働者を重労働から解放し、人間工学的に望ましくない作業を機械に行わせることです。２番目の目標は将来的に仕事をより有意義なものにしたいということでした。つまり退屈なルーティンワークは機械が行い、人々には創造性があり、責任のある仕事を担う余地を増やしていくことです」

「自動化で仕事がなくなる？」 声を上げる労働組合

2013年9月、第6章でも紹介した1本の研究論文が世界に衝撃を与えた。著者はオックスフォード大学のカール・ベネディクト・フレイとマイケル・A・オズボーン（通称・フレイ&オズボーン）。「雇用の未来」と名付けられた論文には、米国において10〜20年以内に労働人口の47%が機械に代替されるという衝撃的な推計結果が掲載されていた。世界中のメディアはこぞってこの論文を取り上げ、世界中で「人工知能が雇用の半分を奪う」というセンセーショナルな見出しの記事が多数掲載された。

この論文は、ドイツの国家プロジェクト「インダストリー4・0」に対するドイツ国民の警戒の念を引き起こした。産業のデジタル化による工場や生産工程の自動化＝雇用の削減というイメージを想起させたのだ。

急速なデジタル化に対して不安の声を上げたのが、組合員数200万人を超える製造業労働組合「IGメタル」だ。ドイツなど欧米では、日本のように企業ごとに労働組合があるのではなく、会社の枠を越えて産業や業種によって組織されている。IGメタルは、あらゆる製造業で働く人が加盟している。

ＩＧメタルの継続訓練・人事部門長であるトーマス・レッセさんは、当時の率直な心境を語ってくれた。

「インダストリー４・０、産業のデジタル化、脱炭素化を一気に進めれば、従来のビジネスモデルもサプライモデルも完璧に変わってしまいます。しかし、この変化は〝時代の変化〟であり、拒むことができません。私たち労働組合はこの変化に従業員も参加させることを求めました。成功させる為の鍵は、従業員も変化するビジネスモデルと仕事の在り方についていけるように一緒に変化させること。従業員に職業訓練を続けさせる仕組みです」

ＩＧメタルは新しい仕事に沿った従業員への職業訓練「リスキリング」を求めて、新しい労働の在り方を保障するための制度構築などを求めた。

こうした労働組合が求める新しい労働の在り方に応じて、２０１５年４月からドイツ連邦労働社会省はインダストリー４・０に関わる雇用問題を検討する「労働４・０」プロジェクトを実施。１年半にわたり、２２０以上の科学的調査、１万２０００人の市民との直接対話、１万５０００人が回答したオンラインアンケートを実施し、２０１６年『労働４・０白書』を発表した。

政策のアイディアとして出てきたのが「失業保険」から「労働保険」への発想の転換だ。

これまで労働政策は、「失業保険」によって失業後の再就職を目指すための費用と時間を補塡するものだったが、これからは、失業前から継続職業訓練〈リスキリング〉を行って、スキルアップを目指すというのだ。いうなればリスキリングは、失業する前から企業が求めるスキルを獲得するための「労働保険」というべきものだ。

こうした労働組合・市民からのボトムアップの政策提言に押される形で、2018年に「職業資格付与機会強化法」が、2020年に「〝明日からの労働法〟」が可決、成立。これによってテクノロジーによる代替可能性がある労働者は、失業前に継続職業訓練を受けられることを保障した。

インダストリー4・0を提唱したカガーマンは、振り返る。

「大企業、中小企業、学会、労働組合がインダストリー4・0という産業転換に向けて協力する態勢を作ることができたのが大きな成果です。なかでも労働組合を労働者の代表として扱い、これからの職業教育訓練の在り方について考えることができたのは、非常に大きかった。特に継続訓練が重要で、労働組合の観点からの提案が非常に大きかったと言えます。同時に、これは連邦政府が、労働者が新しい職業訓練の機会にバリアフリーで平等にアクセスできる制度をドイツ全土で構築したからできたことと言えるでしょう」

将来の失職可能性について判定する雇用エージェンシー

これまで失業者中心だった職業訓練と雇用保険を、デジタル化によって業務代替される可能性のある失業前の労働者にも拡大したドイツ。そのなかで大きく機能強化されたのが、日本のハローワークのような業務を行う雇用エージェンシーだ。ここでは、失業前の労働者もカウンセラーに将来の自分の失職可能性について相談することができる。この時、失職診断で用いられるのが、ＩＡＢというドイツ連邦政府の雇用・労働に関する研究所のウェブサイトだ。

このサイトにアクセスし、自分の職業を入力すると、将来の失職可能性が出てくる。試しにテレビディレクター（ビデオジャーナリスト）と入れるとＡＩによる失職の可能性は25％と表示された。ページを下にスクロールしていくと、その職業に必要な能力スキルが出てくる。

ビデオジャーナリストのスキルとして出てくるのが、カメラワーク、制作、ストーリーボードの制作、ビデオ編集、ジャーナリズム、研究、情報検索など。このうち、ビデオ編集、情報検索のスキルには、ロボットのアイコンが表示される。このロボットのアイコンが表示するスキルが将来的には自動化によって代替可能とされる能力だ。逆に、ストーリーボードの制作や研究、ジャーナリズムといったスキルは将来にわたってロボットには代替されない。このロボットのアイコンがそれぞれの職業において、どれだけあるかないかで、将来の自分の仕事がデジタル化によって代替されるかどうかが判定される。

メディアの仕事でもアナウンサーは14%、画像エディターは50%、ビデオエディターは100%と出てくる。ちなみにロボットによって代替される可能性が0%と出てくる仕事は保育者だ。保育者のスキルである余暇活動も、ベビーケアも、食事の準備と提供もいずれもロボットに代替することのできないスキルとして判定されている。

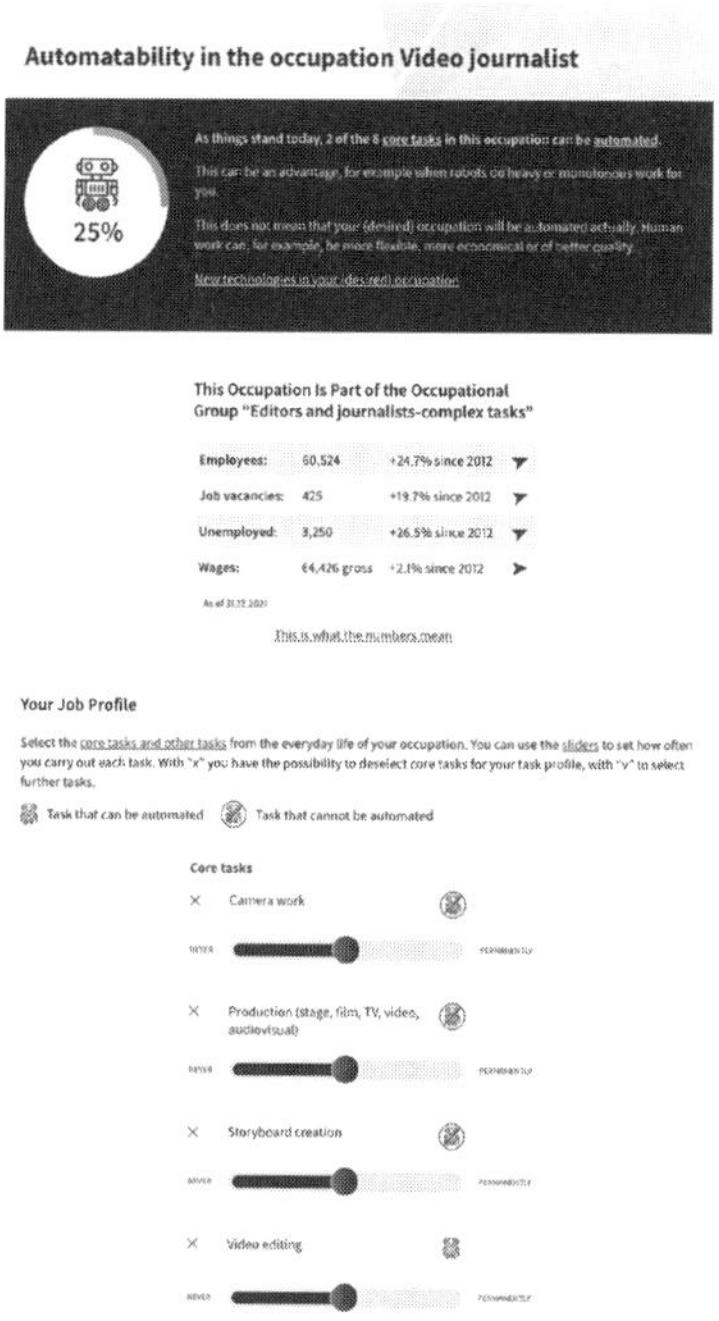

Automatability in the occupation Video journalist
25%
As things stand today, 2 of the 8 core tasks in this occupation can be automated.
This Occupation Is Part of the Occupational Group "Editors and journalists-complex tasks"
Employees: 60,524 +24.7% since 2012
Job vacancies: 425 +19.7% since 2012
Unemployed: 3,250 +26.5% since 2012
Wages: €4,426 gross +2.1% since 2012
This is what the numbers mean
Your Job Profile
Task that can be automated
Task that cannot be automated
Core tasks
Camera work
Production (stage, film, TV, video, audiovisual)
Storyboard creation
Video editing

ドイツ連邦政府の雇用・労働に関する研究所のウェブサイト。AIによってビデオジャーナリストが失職する可能性は25%と表示された
（https://job-futuromat.iab.de/）

これらはすべてドイツの研究所ＩＡＢによる推計であって、将来確実に自動化によって代替されるものではない。しかしこうした指標をあえて作ることによってドイツでは既存の職業から成長産業への「労働移動」を促しているのだ。

こうしたツールをもとに雇用エージェンシーのカウンセラーは、相談者の仕事が将来的に自動化技術によって失職可能性があるかを判断する。自動化により失職する可能性があると判定されると、雇用エージェンシーがリスキリングにかかる費用だけでなく、日本の「職業訓練受講給付金」にあたる訓練中の生活費の保障はもちろん、保育料や交通費などすべてを支給する。リスキリングによるスキルアップを通じて早期就職を実現することを政府が後押ししているのだ。

雇用エージェンシーのカウンセラーは話す。

「ＡＩなどの導入で、仕事の80％がＡＩに代替可能と判定されたとしてもその職業が完全になくなるとは限りません。例えば銀行員では、口座管理や送金は自動化が進み、コンサルティング業務に使える時間が大幅に増えます。コンサルティング業務を代行できるコンピューターは現在、世界のどこにもありません。

インダストリー４・０は重労働や単調な仕事から人々を解放します。私たちは、その解放された時間を人間にしかできない他の仕事に就くためのリスキリングに使うよう薦めています。インダストリー4・0以後、実際には、まだ失業していないけれど、失業のリスクが高い人が、私たちにアドバイスを求めることが増えてきました。私たち雇用エージェンシーの最も重要な業務の一つが、そもそも失業に至らないように、そうした人々に適切なタイミングで助言をすることです」

リスキリングによって工場の雇用が守られる

こうした国家ぐるみのリスキリングは、伝統的な既存産業から成長産業への転換に向けた社員の労働移動も加速させている。

ドイツ南部の都市バンベルクにある、世界的な自動車部品メーカー、ボッシュのバンベルク工場。基幹工場として長年エンジンのシリンダーを作り続けてきた。この工場も自動車産業EVシフトを受けて、2017年にシリンダー製造から燃料電池の生産拠点になることが決定し、工場内の製造品を大きく転換することになった。

これを受けて長年、自動車のシリンダーを作ってきた6300人の大半がリストラになるという計画が打ち出された。これに対して反対したのがIGメタル労働組合だ。従業員がリストラになる代わりに、労働時間の短縮と給料削減を条件に、新たな燃料電池の製造工程に関われるようになるためのリスキリングを要求したのだ。リスキリングは1ヵ月のうち3週間は仕事をする代わりに、残り1週間で燃料電池製造に必要な知識や技能などを学ぶ。このリスキリングを要求した結果、6300人は給料が2026年まで削減される代わりに、労働時間の短縮とともに新しい技術を学ぶ時間まで手に入れたのだ。

ボッシュ・バンベルク工場のIGメタル代表マリオ・グートマンは以下のように話してくれた。

「DX（デジタルトランスフォーメーション）がくることは前々からわかっていました。そしてDX自体は否定すべきことではありません。ただし、DXが必要だと経営側が言った時に多くの人は恐怖感で震え上がりました。その時、私たちが求めたのが〝雇用と安全〟です。すでにここにいるチームの雇用を保持することができるように継続訓練、すなわち〝投資〟を求めました。もちろん、誰もが『継続訓練、喜んでやるよ』と言ったわけではありません。しかし『職場を守るためには、新たなリスキリングが必要なんだ』と説明すると、全員がその必要性を理解して訓練に参加しました。いまリスキリングを受けている従業員の平均年齢は46歳です。私たち労働組合の役割は、新しい〝将来賃金契約〟を会社に交渉することです。この〝将来的な契約〟には社員一人一人の資格習得も条件に入ってきます。このように、ボッシュ・バンベルク工場では、労働組合が経営側に『どれだけ従業員に投資をするつもりがあるのか？』という問いかけを繰り返し行っています」

既存産業からインダストリー4・0の担い手への労働移動

こうした、政労使を挙げてのリスキリングによって、ドイツではこれまでの伝統的な製造業からインダストリー4・0への労働移動が円滑に進行している。国を挙げたリスキリングの対象は、これまで安定的な収入を得ていなかった非正規雇用者や移民・難民に対しても行われている。

ドイツ南部の都市、バイエルン州・ニュルンベルク。古くは神聖ローマ帝国の帝都として栄えたこの街は、近代化の中で製造業などの工業が発展した。ここで2009年に創業された派遣会社「ADD－ON」。300名以上の派遣社員を製造業の工場へと送り出す派遣会社だ。この会社はデジタル化を見越して2011年に社内の継続的職業訓練機関「Co-Check」を設立。日本の職業訓練学校と同様に、この教育機関で自社の派遣社員は、デジタル化に必要な技術を身につけられる。

前述したように、ここでリスキリングを受けている間の教育費用と生活資金（給料）が日本の「職業訓練受講給付金」にあたるものによって賄われ、学習に打ち込むことができる。

ドイツも最先端のデジタル技術を持つ人材の不足が大きな社会問題となっている。ADD－ONが社員を派遣する会社の多くは中小企業で、日常の業務の繁忙が続いており、自社の社員をリスキリングすることが難しい。そこで派遣会社ＡＤＤ－ＯＮでは自社の派遣社員だけでなく、派遣先の社員に対してもリスキリングを行っている。

派遣社員の多くはドイツで安定的な仕事を得られなかった移民が占めており、ドイツ語が不得手などの課題を抱えていることも少なくない。しかし、こうした制約があっても、リスキリングを受けデジタル技術を持つことで、高所得の仕事を得ることができる。実際、ここで派遣社員として派遣先に赴いた後に、正社員として登用される人も多いという。

派遣会社にとってせっかくリスキリングをした社員が正社員登用されることは、大きな喪失ではないかと社長に聞いたら、「的を射た質問」だと笑われながら、こう返答された。

「常に顧客から問い合わせを受ける人材サービス業者が『我が社には、御社が欲する、デジタルスキルや資格を持った派遣社員はいません』と言ったら、ビジネスになりませんから」

社長はさらに続ける。

「デジタルスキルを持った人材を確保することは簡単ではありません。われわれが唯一正解だと思うのは種をまくことです。つまり資格を付与する為の教育に投資せねばなりません。人への投資をしなければ、顧客に優秀な人材を供給できないのです。そのためには、企業の枠を越えて、他の会社の人材教育にも協力しなければなりません。かりに競合企業であってもです。インダストリー4・0は自社だけのテーマではなく、グローバルに取り組まなければなりません。これが重要なポイントだと思います。つまり人材教育においては〝我が社の人材〟といった人材の独占は意味をなさないのです。なぜならば国民経済の問題だからです。社員がスキルを身につければつけるほど、地域経済が上向き、次に求められるスキルもレベルアップしていきます。もはや教育は社会的なテーマであり、どの会社であるという境界も国境もありません。教育は私たちにとってもっとも大切なテーマです」

取材に行った時にはトルコなどからの移民がドイツ語を習いながら、最先端のメタバース（インターネット上に構築される仮想空間）などを体験するデジタル化のためのリスキリングが行われていた。リスキリングを受けているのは配線工事士や、洗濯機営業のスーパーバイザーをしているという男性、さらには失業中の女性などだった。トルコから数年前にやってきて警備員の仕事をしているという53歳の男性は、年をとってからあまり多くのことを覚えられないから、新しいことを学ぶのはとても難しいことだと言ったうえで、私たちにこう語った。

「もし私が技術についていけないとしたら、私は仕事ができなくなってしまいます。時代についていかなければなりません。スマートフォンの操作ひとつとっても難しいことです

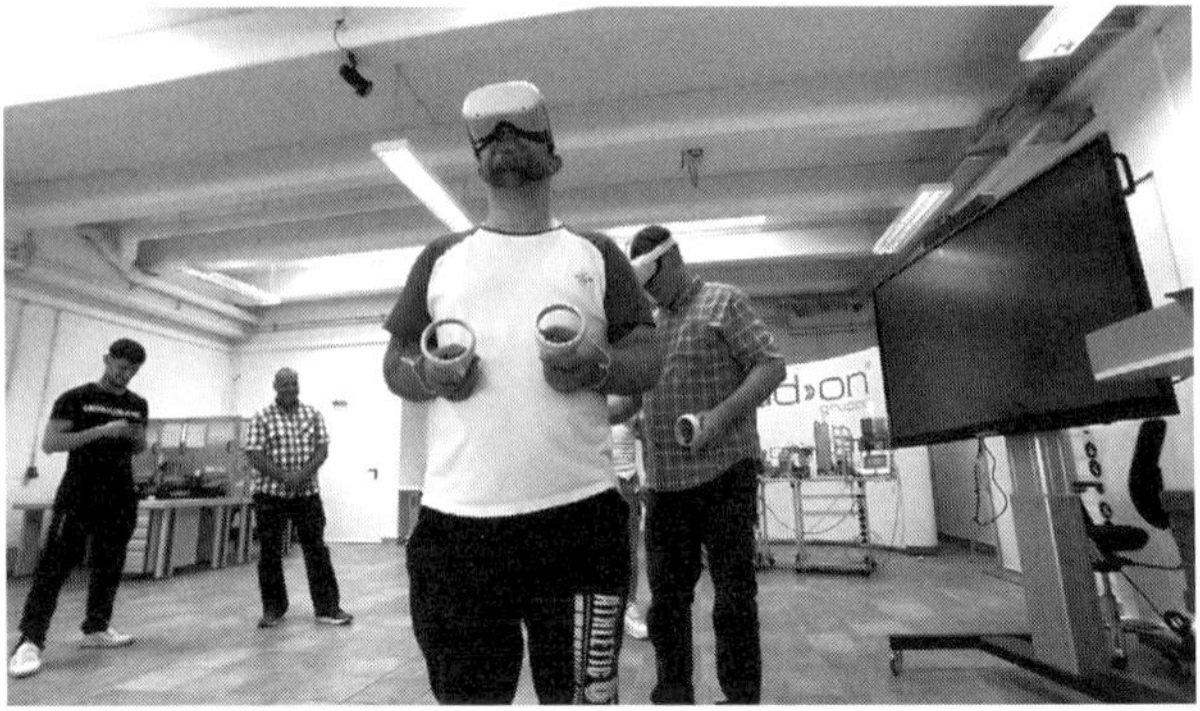

トルコからの移民に対して行われた、メタバースを体験させるリスキリング研修の様子（©NHK）

が、定年まであと10年以上あります。新しい技術を身につけて私は新しい仕事に挑戦してみたいと思っています」

インダストリー4・0という壮大な構想を提唱し、誰でもリスキリングを受けられる社会制度を作り上げたドイツ。こうした取り組みは国民からも高く評価され、先の53歳のトルコ移民の警備員が話してくれたようにリスキリングは仕事を続けるための必須のものと受け止められている。

ドイツ国内で長年、労働社会学を研究してきたルール大学のワンネーブル教授に、インダストリー4・0から10年経ったドイツの労働環境の変化について話を聞いた。すると彼は、ドイツの成功モデルは企業だけでなく、労働組合や学術界など利害関係が異なるセクターとの「社会的妥協」にあると語った。

「成功のモデルは従業員を参加させることです。つまり民主主義が工場の門で止まらず、従業員が継続訓練の内容に関する自分自身の目標などに取り組む機会があり、それができるための声を持つことです。インダストリー4・0以降すべてのドイツ企業は職業教育に投資をするようになりました。

それは『参加』というキーワードでまとめることができるかも知れません。社会的な分裂・分断は経済、すなわち会社の中で起きます。企業は一方的に改革を従業員に伝えるだけでなく、企業の経営に労働組合を交えるとともに、従業員と経営者がこれからのデジタル時代の労働条件を一緒に議論することが重要です」

ワンネーブル教授が担当する経営工学の修士課程では、労使交渉のシミュレーションなどを取り入れた教育を行っている。そこでは企業のマネージャーの育成だけでなく、労働組合の幹部の育成も目指していた。よりよい労働環境を手に入れるために企業・労働組合の労使交渉を学ぶことに力を入れるドイツの姿勢に大変驚かされた。

ドイツは2019年に政府、経営者団体、労働組合の三者が一体となって将来の産業と労働環境を話し合う「国家継続訓練戦略会議」を設置。労働者をリスキリングさせ、従来の産業から成長産業へと移動させる、いわゆる「労働移動」を積極的に進めることを政労使あげて取り組み、2030年までに200万人規模のリスキリングを目指している。

「ドイツでは日本同様に若者がどんどん減り、国民が高齢化しています。すべての人々の可能性を最大限活用することがこの高齢化と産業変化の時代に求められています。生涯学び続けるというマインドセットが重要です。資格を取り直す、自分が変わる、そうすれば新しい可能性が生まれるという価値観を多くの人に実感してもらわなければなりません。リスキリングはいわば変化のためのパスポートです」（ドイツ教育省・職業教育局ボルシュ・ズバン局長）

これまで日本企業の多くは、正社員の終身雇用、年功賃金、能力開発・育成、福利厚生を約束し、入社から定年退職まで（亡くなるまで）の一生の生活を保障してきた。その見返りとして、社員はすべてのキャリアと経験を会社に捧げてきた。しかし、日本的な家族経営は行き詰まり、企業は、正社員の雇用を確保するため、彼らの賃金を切り下げてコストカットに邁進し、非正規雇用者を「安い労働力」として〝調節弁〟のように扱っている。国も企業も人材投資に費用を惜しまず、新しいイノベーションを生み出そうとするドイツとの埋めがたい違いに、取材班は悄然《しょうぜん》たる思いを感じざるを得なかった。

第8章

試行錯誤 日本のリスキリング最新事情

リスキリング先進国ドイツでは、インダストリー4・0という壮大なビジョンを掲げて、政労使が一体となり着実な成果をあげている。これに対して日本は、能力開発は伝統的に企業に頼ってきたこともあり、リスキリングの取り組みはまだまだ始まったばかり、これからが勝負、という状況だ。

日立製作所など大企業は、多くの資金を投入してリスキリングを急ピッチで進めているが、日本にある企業の中で圧倒的多数を占める中小企業ではいまだスタートラインにすら立っていないのが実情だ。そこで、地方自治体を中心に中小企業のリスキリングを支援する取り組みが始まっている。

地方行政として、いち早く支援に乗り出した自治体のひとつが広島県だ。2022年、行政・経済団体・労働団体・有識者などで作る「広島県リスキリング推進検討協議会」を立ち上げたほか、県内企業に対して「広島県リスキリング推進宣言」をするように呼びかけ、宣言した企業には、役員や従業員がITパスポート試験（経済産業大臣が行う情報処理技術者試験の一試験区分として設定されている国家試験。ITを利活用するすべての社会人が備えるべき基礎的な知識の保有を証明できる試験とされている）を受験する際などの経費を補助するといった取り組みを始めていた。

そこで2022年6月、私たちは広島県の取材に入ることにした。ちょうど県内企業に向けて広くリスキリングについて学んでもらうための無料セミナー「広島県リスキリングセミナー」を開催するとのことで、地域の中小企業の実態が分かるのではと思ったからだ。

広島県企業のリスキリング現在地

会場に入ってみると、コロナ禍ということもあって集まっていた参加者は25名。思ったより少ないと感じたが、オンラインでの参加者が別に151名いたとのことだった。内容は湯﨑英彦知事の挨拶や広島県による支援策の説明に加え、リスキリングの第一人者といわれる一般社団法人ジャパン・リスキリング・イニシアチブの後藤宗明さんによる講演、また県外の中小企業による先進的な取り組みの紹介などがあった。

会場を見渡してみると、熱心に聞いている参加者もいたが、戸惑いの表情を浮かべている参加者も少なくない。

セミナー終了後、広島県の担当者にアンケート結果を聞くと、「セミナー以前に『リスキリング』を知っていましたか?」という質問に対しては「まったく知らなかった」と答えた人が37・5%、「知っていた」27・1%、「なんとなく聞いたことはあった(意味までは知らなかった)」が35・4%だった。取材当時は、リスキリングという言葉がまだ世に広く知られていなかったため、まずまずの認知度ともいえる。

また、「現在の自社でのリスキリングへの取り組み状況は」という問いについては、最も多かったのが「検討中」で65・3％、「取り組む予定がある」18・4％、さらに「すでに取り組んでいる」と答えた人も10・2％で、「必要ない・取り組む予定はない」はわずか6・1％だった。つまり多くの参加企業はリスキリングに何らかの必要性を感じていることが分かった。

そのうえで興味深かったのは、「自社でリスキリングに取り組むうえで感じている課題は」という項目で、最も多かったのが「従業員に時間的な余裕がない」が52・0％、次に多かったのが「取り組みに向けた人材戦略がない」「教育プログラムが分からない」でそれぞれ40・0％、その次が「取り組みに向けた経営戦略がない」が36・0％で、企業がいったいどうやってリスキリングを進めて行けば良いのか、暗中模索である実態が垣間見えた。

暗中模索状態の中小企業

こうした課題に応えるべく、広島県では、6月のセミナーに続いて、年度内3期に分けて企業の経営者や人事担当者向けに無料の研修プログラムを企画していた。7〜9月に行われた第1期に参加を表明した企業は、製造業・建設業・自動車販売会社など14社。対面研修の第1日目では、まず自己紹介がてら、それぞれがどんな理由で参加したのかを発表していた。
「今、物流界でもＤＸといったところにさしかかっておりまして。ただやはり私も含めうちのスタッフがどうしてもＩＴ、電子機器の取り扱いに非常に疎くて、足がかりにしたいと思いまして」（運送業・専務）
「ＩＴの力で、自動化をどんどん進めて効率化を進めていかないと未来はないなというふうに思ってこの講座に参加しました。でも初めてリスキリングという言葉を知って、そこからGoogle検索して……一緒に学んでいけたらと思っています」（建設業・総務担当）
「小さい会社なのでここ数年は新卒さんを募集しても一人も応募すらしてくれない。新しい人が入ってきてくれないとしたら、どうすればいいだろう。今の人のスキルを上げていく、方向性を変えていくしかないんじゃないかと、ややもやっとしております……」（マニュアル制作会社・管理部門担当取締役）
多くは、デジタル化やＤＸ、そしてリスキリングは必要だと認識しているが、いったい何から始めたらよいか分からないため、少しでも足がかりをつかみたいという思いで参加しているようだった。
一方、すでに具体的な取り組みを始めている企業もあった。
「ひとり情報システム部みたいなことをずっとやっておりまして、なかなか後継者が育た

ない。社内のITスキルをどうやって上げていこうかとずっと悩んでいたので参加しました」（製造業・総務部長）

「年々シニア層が増えてきましたので、学ぶ機会をどうやったら作っていけるかを勉強して社内に持ち帰りたいと思っています」（IT企業・経営管理本部　副本部長）

対面研修の2日目では、6月のセミナーでも登壇したリスキリングの第一人者・後藤宗明さんの講義があった。内容はリスキリングとは何かといった基礎的な話から、日本でも始まりつつある〝技術的失業〟の例、そしてリスキリングで新たな分野へ移行できた先進事例、さらには今まさに社会を変えつつある最先端のデジタル技術についての紹介があった。いずれも、参加者の多くにとっては、初めて耳にする話題ばかりのようだった。休憩時間、あるグループの会話を聞いてみると、彼らの葛藤が伝わってきた。自動車販売会社・二村自動車株式会社の常務、二村修司さんはこう言う。

「大きい会社だと（自動化・無人化が）当たり前じゃないですか。でも私たちのような中小零細だとそこにお金をかけられないんで……ちょっとイメージがつかないですね」

デジタル化は待ったなし。しかし自社でやろうとするとまったくイメージがつかない。そんなもどかしさが伝わってくるようだった。

後藤さんの講義終了後、二村さんはたまらず後藤さんに戸惑いをぶつけていた。

広島県で行われた「広島県リスキリング研修プログラム」。参加者の多くはリスキリングの必要性は感じているものの、何から始めてよいか戸惑っているようだった（©NHK）

「すごい遠い話に聞こえて、全然イメージがつかなくて。自社でやろうと思っていることは、自分たちのデジタルスキルを少しでも上げて業務を楽にすることばかりで、広げるという観点が全然見えてこなくてですね。スタートするところの位置がだいぶ後ろ側にいるというか……自分ごとに考えられないんですよ。いつか自動車の売買もインターネットだけでする形になった後に私たちがやること、車を売ることだけじゃなくて、車をメンテナンスするとか、それを活用した何かを考えなきゃいけないと思っていても、もうちょっと先かなと思っちゃっている自分たちがいるんです」

まだデジタル化もこれからという段階。ただでさえ、日常の業務を回すことでも精一杯なのに、それに加えて、未来への成長戦略を描き、さらに社員のモチベーションを作って学ばせていくのは相当な労力と根気を要するものと想像できる。後藤さんからの回答は、前置きから始まった。

「一番大切なことは、今の事業のままで大丈夫かどうかなんですよね。例えばまったくデジタルがいらない、それでも事業は成長していくということであれば、もしかしたらリスキリングはいらないっていう可能性もあるんですね。ただ、今、デジタルなどの分野とかかわらないでやっていける企業や業態ってどれくらいあるんだろうかっていう意見もある。現在の事業のことを考えるのも大事なんですが、それがダメになったときに、新しい収益源を作っていく。そのためにデジタルなどを使って何ができるのかっていうことを別に考えることもひとつ重要なのではないかなと思います」

後藤さんの言葉を受けて、二村さんは、それでは何を学ばせればいいのか、選ぶのに良い方法はないか尋ねた。

後藤さんはアドバイスを続けた。

「デジタルを使って何ができるのか。それを経営陣の皆様がまず理解をすること。今、限られている情報のなかで新しいことを考えるのは難しいです。例えば海外の競合企業が何をやっているのかとか、海外にデジタル先進国と言われているところがたくさんありますので、そういったところの事例を考えてみるとか、行動の範囲を広げてみることは重要なのではないかと思います」

まずは経営者自身が学び、事業環境の変化に対応できるよう経営戦略を立てることが「最初の一歩」になるというわけだ。

その後に行われたワークショップでも、ある参加者が愕然とした表情で気付きを語ってくれた。

「(社員個人に成長の意識がないのは)個人的な問題なのかと思っていたら、結局、組織に成長の意識がないことが発端で悪い事象につながっていっていることがはっきりしたような気がします。ちょっとショックでした」

研修終了後、この参加者に現時点で具体的なイメージがわいたかどうかを聞くと、「ぱっとすぐには浮かばない」とのことだった。しかし確固たる表情でこう付け加えた。「絶対に至急やらなくちゃいけないという危機感は覚えました。経営側から5年後、10年後のビジョンを見据えた方針を出して取り組んでいかないと、大きな変化、新たなデジタルのイノベーションは期待しづらい。(役職が)上の人ほどリスキリングの研修を受けたほうがいいなというふうに思いました」。

ほかの参加企業もそれぞれ気付きを語ってくれた。

「私のリスキリング(の認識)は間違いでした。会社が主体となってやることが望ましい」

（食品加工業・総務担当）

「社員のスキルを可視化するっていうところがちょっと今できていなくて、そこをきれいにしたいなっていうのが一番ためになったことです」（ＩＴ企業・経営管理本部　副本部長）

後藤さんに戸惑いをぶつけていた自動車販売会社の常務・二村さんはというと、「イメージは全然ついてないです。ただ進めなきゃいけないっていうことは分かりました」と語っていた。

研修の全行程が終わった後、10月に改めて二村さんにリスキリングの進捗を聞いてみた。やはりまだまだどのような方向に行ったら良いか見えていないようだった。ただ、変化がなかったわけではなかった。まずはできることから始めようと、①車に関連する資格以外の資格に対しても、取得にかかる費用補助をする　②研修を増やす　③書籍を買う際の費用補助をする、といった取り組みを開始すると話していた。特に、③に関しては、今の時点で社員がどんなスキルを持っていて、何に興味があるか分からないので、それを知るためにも始めたいとのことだった。

この会社では、車の販売だけでなくメンテナンスまで同じ担当者がワンストップで行うという付加価値の高いサービスをモットーにしており、今はリピーターも多く黒字とのこと。まだまだ需要はあると考えているが、今後も社員の雇用を守っていくためにも新しい事業を考えていきたいと決意を新たにしていた。

〝技術的失業〟が加速する中でどのように経営戦略を描き、そしてどうリスキリングを進めていくのか。大企業に比べるとヒト・モノ・カネのリソースの少ない中小企業は難題に突き当たっていることを再認識した。

地方での先進事例

広島県のリスキリングセミナーの参加企業の大半は、少なくともリスキリングという言葉は知っており、何らかのアクションを取らなくてはいけないという危機感は持っていた。しかし、こうした意識が高い企業ですら、具体的な取り組みを始められずにいる。

日本に存在する企業の99・7％は中小企業や小規模事業者である。日本全体の企業の業績アップ、そして個人の賃金アップのためには中小企業でこそリスキリングを成功させていくことが欠かせない。一体どうやったらうまくいくのだろうか。

その後、追加取材をして制作した『クローズアップ現代　収入アップ？いつ学ぶ？　リスキリングは職場に浸透するか』（2023年2月8日放送）で紹介したのは、山形市にある従業員数120人の税理士法人・あさひ会計が始めた取り組みだ。この会社では、5年前の2018年から業務のデジタル化、社員のリスキリングを本格的に進めた結果、生産性向上、業績アップ、さらには従業員の大幅な賃金アップまで実現させていた。

象徴的だったのが、10年前に受付担当の派遣社員としてここで働き始めた柏倉さん（38歳）のリスキリングだ。彼女は、リスキリングを経て、今は正社員のITエンジニアとして働いている。年収は派遣社員のときと比べて1・7倍にまで上昇した。この会社、そして柏倉さんにいったい何があったのだろうか。

はじまりは〝遊び感覚〟

あさひ会計がリスキリングを開始したのは2018年。きっかけは、社内システム担当として中途で入社した佐々木伸明さんの提案でRPAというデジタル技術を導入したことだった。RPAとは、Robotic Process Automationの略で、パソコン上で人が手入力するような作業を自動化してくれる技術のことだ。

もともとこの税理士法人では多くの単純な事務作業に追われていた。例えば、顧客から受け取った通帳や出納帳のデータを一つひとつエクセルに入力し、さらにそのエクセルから会計ソフトに転記していくといった作業。他にも、顧客の代わりに国税庁のウェブサイトにログインし、情報をとってくるといった作業など、挙げたらきりがないほどだ。この税理士法人が抱える顧客は山形や宮城など1000社以上。一つひとつの作業は5分くら

リスキリングを経てITエンジニアに転身した柏倉さん（38歳）。他社向けのリスキリングセミナーの講師もつとめている

いで済んでも、合わせると会社全体で膨大な時間を単純作業に費やしていることになる。こうした作業をある社員に見せてもらったが、小さな文字を間違いのないようにひたすら入力していく作業は、見ているだけでこちらも疲れてくるほどだった。

「目も手も痛くなってきます。目薬が必須で」

実際に全国のほとんどの会計事務所・税理士法人では今もこうした単純作業に追われているという。佐々木さんも、従業員がテンキーをひたすら打つ様子、エクセルで計算した数字をさらに電卓で確認する様子を見ていて、「これは無駄な作業だ」と思ったという。そして目をつけたのがRPAだったのだ。RPAはプログラミングの難易度がそこまで高くないことや、ソフトウェアが買い切りで18万円という手頃な値段だったこともあり、田牧大祐代表に早速相談。田牧代表も「変化をしないのは衰退だ」と提案を受け入れ、試しに導入することになった。その時の感想を、佐々木さんはこう語っていた。

「おもちゃを買ってもらった、という感覚でした」

まずは佐々木さんとIT担当の役員でチームを作り、このRPAを使ってこれまで手入力で行っていた作業の自動化を〝遊び感覚で〟始めたという。最初に自動化したのが、さきほど紹介した国税庁のウェブサイトから顧客の代わりに情報をとってくるという作業。ログイン画面を開き、顧客の利用者識別番号・暗証番号を入力、お知らせが来ていないか確認して、来ていればメッセージを開き、文書を開いて保存……こういった動きを、RPAを使ってあらかじめコンピュータに指示しておけば、あとは何件でも自動でとってきてくれるのだ。

〝遊び〟でやってみた割には、この自動化だけで会社全体で年間70日分の業務が削減された。こうして佐々木さんたちは一つ、また一つと〝遊ぶように〟自動化を進め、社員にも使ってもらえるよう伝えていった。

しかし最初の頃は、「自動化で私たちがいらなくなるんだ……」というネガティブな反応も出てきたという。それに対してチームは「それは違いますよ」と丁寧に説明したという。

「今までの仕事は、終わった後に『ご苦労さん』と言われる仕事が多かった。そういう仕事は自動化して、私たちは『ありがとう』と言われる仕事をしましょう」

もともとやっていた単純作業は、「誰がやっても同じ」で「できて当然」の作業。できたとしても特に顧客に喜ばれることもなく、やりがいも感じにくい。しかし、税理士法人がやるべき〝本来業務〟は、お客様にいかに有益な情報を届けるかといった付加価値の高い業務なのではないか。デジタル技術は〝敵〟ではなく、人間が人間にしかできない仕事に注力できるよう手伝ってくれる存在である。チームはこうした説明を続けながら、次々と自動化を進め、毎月の全体会議でその月に自動化した作業の紹介を行った。さらには他の従業員もそれを使えるように研修やワークショップを毎月のように行ったという。

次第に後ろ向きだった従業員も、自動化により煩雑だった自分の業務が早く終わる、顧客との商談など付加価値の高い業務に時間を割けるといった効果を目に見えて実感していくことができ、今はほぼすべての従業員がRPAを使って仕事をするようになっているという。なかには、RPAのプログラミングを学んで自ら業務の自動化を行っている従業員もいる。

入社8年目の大橋さんは、毎朝1時間ほどかけて行っていた宅配業者の送り状の作成・印刷を自動化。また中途入社の泉さんは、業務管理システムに入力された日報と勤怠管理システムの残業時間を照合し、合っているかどうかをチェックする、という作業を自動化した。

こうした自動化・リスキリングが進んだ結果、会社では年間でのべ３００日分を超える単純作業を削減することに成功した。さらに自動化でサービスの向上を実現できたことも手伝ってか、ＲＰＡ導入前後の３年間で比較すると、経常利益も３割以上も上がったという。

元派遣社員がＩＴエンジニアに転身

こうして〝遊び感覚〟で始まったデジタル化とリスキリング。その効果は、会社の生産性向上以上の思わぬ成果ももたらした。あさひ会計の成功体験を聞きつけた他社からＲＰＡによる自動化支援の依頼を受けるようになり、蓄積したノウハウを全国の中小企業に提供する新会社（株式会社 ASAHI Accounting Robot 研究所）まで設立したのだ。２０２３年５月現在ＲＰＡのエンジニアは13人。

実はこの中の一人が、冒頭に紹介した元派遣社員の柏倉さんなのだ。

柏倉さんは10年前、受付担当の派遣社員としてあさひ会計で働き始めた。当時人手不足だったこともあり、すぐに正社員になって会計業務も担うようになった。５年ほどたった頃、会社にＲＰＡが導入され、自分が汲々としていた単純作業が自動化される様子に感動し、「それならあれも自動化できそう」とイメージがわいたという。ちょうどＲＰＡのチームが同じフロアにいたこともあり、時々のぞきにいっては雑談をしていた。面白そうとは思ったが、まさか自分がこうしたデジタル技術のスキルを習得できるとは思っておらず、遠い世界のものと思っていたそうだ。

しかしあるとき、このＲＰＡチームが「学生バイトを雇う」という話をしているのを耳にした。柏倉さんは驚きつつ、「それなら私にもできるかも」と思い立ち、自分もＲＰＡを学びたいと田牧代表に伝えたのだ。田牧代表も「従業員には個性を発揮してほしい」と、柏倉さんが手を挙げるとすぐに要望を聞き入れて会計業務から外し、３ヵ月後にはリスキリングが始まったのだった。

ポイントは「時間」と「実践の場」の確保

具体的にはいったいどのようにリスキリングを進めたのか。当時はまだ「リスキリング」という言葉が世に広まっていなかったこともあり、会社側も柏倉さんも意識してリスキリングに取り組んでいたわけではなかったそうだが、日報を見せてもらうとそこには本気で取り組んできた経過がみてとれた。

驚いたのは、会社は徐々にではなく、ある月にほぼ完全に柏倉さんを会計業務からＲＰＡ業務へと軸足を移させていたこと。もちろん担当していた顧客企業の引き継ぎは残っていたが、柏倉さんは異動前の1ヵ月間に一日5時間のeラーニングや研修の受講などで基礎を学んでいた。さらに異動後の2ヵ月目には社内から要望のあった自動化のプログラミングを担当。この月には一日3時間、実際にプログラミングをしながらスキルを高めていった。そして6ヵ月目には早くも他の企業から依頼を受けた自動化を担当。つまり会社は柏倉さんに、「時間」と「実践の場」を用意したのだ。こうして柏倉さんはRPAのスキルを習得、プロのエンジニアとして活躍し、さらにはリスキリング経験者として、今や他社に向けたリスキリングセミナーの講師まで務めるようになっているのだ。

中小企業でのリスキリング　成功の秘訣

山形のあさひ会計でリスキリングが成功したのはなぜなのか。さまざまな中小企業への取材を進めたところ、成功している企業にはいくつかの共通点があることに気づいた。ここでは、あさひ会計の例をなぞりながら、いくつかのポイントをまとめてみたい。

①具体的な業務のデジタル化から〝スモールスタート〟で始めること

デジタル化やDX、リスキリングというと、どうしても会社全体で大がかりに取り組むべきプロジェクトとして捉えがちな企業が多い。実際に最近ではさまざまな記事などでこうした進め方が紹介されているが、「それは大企業のやり方であって、中小企業ではうまくいかない」と田牧代表は強調する。

なぜなら、全社プロジェクトを立ち上げるとなると、まず各部署から責任者を出し、会議を開いて業務を洗い出し、どの業務をどんなデジタルツールで効率化すれば費用対効果が高いのか……という試算から始めることになる。すると、なかなか議論が前に進まなくなるからだ。

そこで田牧代表が成功から学んだヒントを教えてくれた。それは「一人の業務を楽にする」ことから始めること。あさひ会計でいえば、まず、従業員が煩雑に感じていた国税庁のウェブサイトから情報をとってくる作業の自動化をやってみた。するとかなりの業務時間が削減されることがわかった。さらに次々と従業員の負担になっている作業の自動化を進めた。すると従業員が煩雑な単純作業から解放され、〝本来業務〟に時間を割けるようになり、デジタル技術は敵ではないこともわかった。そして「それならこの作業も自動化できるのでは」と次々とアイディアが出て、自動化が進み、生産性向上を達成……といった具合に好循環が生まれた。

「一人の業務を楽にする」ことから始める、というやり方が良いのは、いち早くデジタル化に着手できるということ、そして現場の従業員が真っ先にデジタル技術の恩恵を受けられることで、抵抗感のある従業員のモチベーションアップにつながりやすいということ。さらには、そのままリスキリングに必須となる「実践の場」を作ることになるため、実際のスキル習得につながりやすいのだ。

いま、リスキリングという言葉が話題になるにつれてリスキリング講座を提供する教育ビジネスが隆盛をきわめており、「研修やeラーニングなどの基礎学習＝リスキリング」という風潮があるが、さまざまな企業取材を通じて得た実感は、「スキル習得のために必要なのは、基礎学習2割、実践8割」。つまり、〝実践こそリスキリング〟なのだ。最初に基礎を学習した後はひたすら実践でリスキリングをし、わからない時はアプリやYouTubeを見るので十分だった、という意見すらあった。実際に、「基礎学習はしたが、実践の場がなくて困っている」という企業も多いと聞く。

リスキリングの第一人者・後藤宗明さんも、「『eラーニングで学びました』は『やる気があります』という意思表明の第一歩でしかない。基礎を学ぶ意味では大切だが、実際にスキル習得にまでつなげるには、『実践を通してのリスキリングが9割』と言っても過言ではない」と断言している。この「実践の場」を確保できるという意味でも、具体的な業務のデジタル化から始め、あくまで〝スモールスタート〟で始めていくことが重要なのではないかと感じた。

②新たにデジタル分野に取り組む専門チームを作ること

新たなチームを作ることで、既存業務や部署の論理に縛られずに治外法権で進めていくことができる。チームといっても何もおおがかりなものを作る必要はない。あさひ会計でもたった2人のチームから始め、自動化が成功するにつれだんだんとメンバーを増やしていった。

③リスキリング対象者を思い切って異動・配置転換させること

あさひ会計では、手を挙げた柏倉さんをすぐにRPAのチームに異動させた。リスキリングする従業員が定まったら、思い切った異動・配置転換をして新たな業務に軸足を移させることも重要なポイントだ。やはり既存業務をやりながらではなかなかリスキリングに手をつけられず、また結局、既存業務に引っ張られてリスキリングできずに終わってしまいかねない。柏倉さんも、「自分の余った時間でやるのでは成果の出方も違う」と振り返っていた。

④リスキリングによる成果を昇級・昇格制度などで評価する

リスキリングできたとして、難しいのが処遇への反映だ。日本の企業ではまだまだ年功序列が賃金体系のベースとなっている企業が多いため、実はリスキリングしてもなかなか処遇に反映しづらいという現実がある。

ただ、ある調査では、自分が所属する企業でリスキリングを実施していると答えた人に、企業でリスキリング後の昇給を行っているか尋ねたところ、「実施している」が33・1％、「未実施だが検討中」は37・5％という結果が出ている（２０２３年3月版「リスキリング」のリアルと展望　パーソルイノベーション株式会社「学びのコーチ」調べ）。「収入アップのため」という文脈でリスキリングを捉えるとすると、まだまだ実施している企業は少ない、という見方もできるが、すでに実施している企業と検討している企業を合わせると7割を超えるという結果からは、これまで課題とされてきた報酬への反映に対して明るい兆しが見えてくるようだ。

今回見てきたあさひ会計でも年功序列が賃金体系のベースとなっているが、柏倉さんが移籍した新会社では、あえて完全な成果主義の賃金体系にしたという。その狙いは、スキルに応じた賃金を払うことにある。さすがにそこまで徹底した成果主義を導入する企業は珍しいが、さまざまな企業が、習得したスキルごとに割増賃金を加算する仕組みを作ったり、会社が利益を上げたら必ず賃上げすると従業員に宣言し、実際に賃上げをしたなど、モチベーションを落とさない工夫をしていた。こうした処遇への反映も、具体的に考えていく必要があるだろう。

中小企業でのリスキリングの限界と求められる行政支援

しかし、ヒト・モノ・カネのリソースが少ない中小企業でリスキリングを進めていくには、限界もある。ヒトでいえば、そもそも人手不足のなかぎりぎりの状態で業務を回している状況でどうやってリスキリングの時間を捻出できるのかといった課題がある。

そして、リスキリングの前提となるデジタル化のためのツールや機器を入れる際の資金を捻出できるか、さらには、リスキリングにかかる研修費用をいかに捻出するか、といった困難もある。

こうした壁を乗り越えていくために欠かせないのが、行政による支援だ。例えば、ある従業員を担当業務から外してリスキリングするためにプラスアルファの人材を雇うための人材確保や給与補塡の支援や、デジタルツールを導入する際の専門家によるサポートや導入にかかる費用の支援、研修費用の支援などが考えられる。

国もリスキリングを含めた「人への投資」施策として5年間で1兆円をあてると発表しているが、政策の中身を見てみると、実際には企業が主体で行うリスキリング支援にはなっていないのが現状だ。岸田首相も２０２３年１月の施政方針演説で「（リスキリングについて）企業経由が中心となっている在職者向け支援を、個人への直接支援中心に見直す」とはっきり示している。個人への直接支援は、学ぶ意識が高い人々の転職を促すため、それを受け入れる企業にはメリットがある。しかし、これでは行政の支援がないとリスキリングを進められない中小企業は置き去りにされかねない。

中小企業の経営者からも、「大企業向けの支援だと思う」という落胆の声が聞こえてくる。こうした声をうけて、先に紹介した広島県の他にも石川県加賀市など、いま数多くの地方自治体がこのリスキリングに活路を求めて企業への支援策を打ち出し始めている。国には中小企業でリスキリングが進むように支援策を見直し、全国各地の企業でのデジタル化、業績アップの実現を通して全体の底上げを達成していくことを期待したい。

〈コラム〉行政主催のリスキリングでシングルマザーの所得向上を目指す（沖縄県・糸満市）

行政主催のリスキリングによって市民の所得向上を目指す取り組みが始まっている。沖縄県・糸満市が主催する「糸満でじたる女子プロジェクト」だ。糸満でじたる女子プロジェクトは糸満市内在住の女性がＩＴ技術を学び、その技術を生かして働くためのリスキリング講座で、費用は市が負担。糸満市は２０２２年度９９５万円の予算を計上し、33名が３・５ヵ月間（約２００時間）オンラインでの学習を行った。講座はこれまでパソコンを使う仕事をしたことがないという女性でもゼロから学べて、開発エンジニアや品質検証のテスターなどになるためのスキルが習得できるように設計されている。

糸満市で女性向けのリスキリングのプロジェクトが始まった背景には、同市が長年抱えてきた「母子家庭が生活困窮に陥りやすい」という課題がある。沖縄県では、一人親世帯の困窮世帯割合は63・３％（２０２１年度）と全国でも高い水準だ。シングルマザーの多くが非正規雇用で、安定的な収入を得るのが難しい社会状況にあり、昼夜問わず働く親が少なくない。さらに親の困窮は、子どもたちの問題にもつながってしまう懸念もあり、長年シングルマザーの所得向上が社会課題として横たわっていた。

「沖縄は、全国でも最低賃金が最低ランクの地域ですので、シングルマザーのお給料を上げるにも、本人の自助努力だけではうまくいかない部分があります。さらに一人親家庭が悩んでいるのは、子どもの面倒を一人でみないといけないということです。子育ての時間を確保するために、仕事を続けられずに貧困に陥るケースや、無理にダブルワークなどで収入を得ようとして、年齢が一番上の子どもに子守の負担がかかり、ヤングケアラーを生み出してしまうケースなど、一筋縄ではいかない問題がありました。こうした長年の課題に対して市役所庁内でもシングルマザーの経済的自立に向けて、新しい公的な支援が必要という声が高まっていたんです」（糸満市役所　政策推進課　新垣孝課長）

新垣課長が出会ったのが、2017年創業の東京の株式会社MAIAだった。MAIAでは「子育て・家事」と「仕事・安定した収入」の両立に悩んできた女性たちに対して、パソコンの定型作業を自動化するRPAのシステム開発スキルなどを身につける教育講座を開講し、これまでに1200人以上の女性のリスキリングや就労に関わってきた。

「子育てとか介護とかでブランクがある女性が世の中にはとても多いです。子育てで仕事を離れたら、あっという間に30代後半から40代・50代になって、安定した職に就くのが難しいというような現状がこれまではありました。こうした潜在的に就業意欲が高い人たちが、最新のDXツールとかITを使うスキルに習熟すれば、さまざまな理由でこれまできっちり教育を受けられなかった人でも、在宅ワークで高収入の仕事に就ける可能性がある。スキルを身につけることで収入だけでなく、自信もつく。今までとはまったく違う生き方を選択できるようになるというのが大きなポイントですね」（MAIA　月田有香CEO）

こうしたリスキリングを経て、同社の資格認定試験に合格すると開発エンジニアや品質検証のテスターとして仕事を請け負うようになる。

試験の合格率は5年間で70・33％。合格したとしても全員が必ずしもすぐに就業できる訳ではないが、県外にある企業から、経営システムの開発や品質検証など仕事を受けられる可能性が出てくる。

リスキリングによって増えた笑顔

この糸満市のリスキリングによって所得を大きく向上させた女性がいる。糸満市に暮らす城間ちあきさん（44歳）だ。シングルマザーとして、専門学校に通う長男（20歳）

と小学生の次男（10歳）を育ててきた。２人の子どもを育てるために洋菓子店や水泳教室で夜遅くまで働き、家に帰れば家事や育児に追われる日々。

「もうここから脱出したい。このどん底から脱出したい。何かのきっかけがあれば本当に自分を変えたい気持ちでした」

そんな状況の時に城間さんが参加したのが「糸満でじたる女子プロジェクト」だった。城間さんは、それまでパソコンを使った仕事の経験はなく、最初は電源を入れることすらもできなかったという。しかし、最先端のＩＴスキルやビジネスマナー、金融講座などを３ヵ月半にわたって学ぶリスキリングによって、企業の経営システムをつくるデータ管理スキルを習得。専門性を身につけたことで、新たな仕事に就くことができ、１０００円ほどだった時給も２２００円にアップ。在宅勤務も可能になり、子どもたちとゆっくり過ごす時間も増えた。

これまで朝から夜まで外で働いていた城間さん。リスキリングによってすべての仕事が在宅勤務になったことで、生活が一変。その影響を大きく受けたのが小学校４年生の次男の結日《ゆうひ》くんだった。城間さんが外で働いていたころ、一人で夕食をとることも多かった結日君。今は、学校での出来事などを話しながらご飯を食べるのが何よりもうれしいという。

「前は、お母さんの帰りが遅くて、料理もできないからご飯に塩をつけて食べることが多かったけど、今はお母さんと毎日一緒に夕飯を食べることができる。前はテレビを見るだけでさみしかったけど、今はお母さんと話しながら食べることができるから、夕飯が楽しい」

城間さんもリスキリングが人生を変えたと振り返る。

「信じられないです。コロナでＩＴの人たちが在宅ワークしているって話を聞いても、『エ？　どういうこと？』って思っていたぐらいパソコンを使って家で仕事をすることが想像つかなかったんですけど、自分でやってみて『ああ、こういうことなんだな』って初めてわかりました。何よりも子どもにとっても良かったみたいで、子どもはお母さんの〝ゆとり〟で変わるので、本当に一緒にいてあげられる時間ができたこと、時間的にも精神的にも話をいっぱいできるゆとりが生まれたことが、一番大きい」

糸満市では２０２３年度以降も「糸満でじたる女子プロジェクト」を継続させ、成長が期待されるＩＴ分野で働く女性を一人でも多く増やす方針だ。

「僕ら行政側が（リスキリングを）提供することによって自信をつけていただいて、自分の環境を変えられたという自信になってくれると糸満市が明るくなるっていうのもこれは絶対あると思います」（當銘真栄市長）

「最初は私自身も在宅ワークで高い時給を得られることを眉唾物として見ていたのですが、リスキリングで経済的自立を果たした人を間近に見て、目から大量のウロコが落ちたというのが本音です。最初は、スキルのない女性がIT企業で働くことは、ハードルが高いと思っていました。しかし、実際にリスキリングを受けた女性が、東京の大企業の高単価の仕事をして、生き生きとする姿を見て、成果を実感できました。IT企業の人材不足と、沖縄県の一人親家庭の問題という両者にとっての喫緊の課題を解決できる、Win-Winのプロジェクトを作り出すことができました」（糸満市役所　政策推進課　新垣孝課長）

糸満市のリスキリングは、男女の賃金格差、地方と都市部の賃金格差といった、賃金にまつわる構造的な格差を打開する可能性を秘めている。一方で「スキルが財産」とも言えるデジタル社会では、スキルの有無が、収入や働き方の新たな格差を生むリスクがある。だからこそ誰もが平等にスキルを身につけられる環境を整備していくことが重要になってくる。

第9章

同一労働同一賃金
オランダパートタイム経済に学ぶ

この20年で日本の労働環境は大きく様変わりした。

主な契機となったのが、1999年の職業安定法と労働者派遣法の改正だ。派遣労働が可能な業務だけを指定してそれ以外は禁止するという「ポジティブリスト方式」から、原則自由で禁止する業務だけを指定する「ネガティブリスト方式」に転換し、有料職業紹介事業も原則自由化された。さらに、小泉純一郎内閣時代の2004年、それまで禁止されていた「物の製造業務（製造業）」への派遣が解禁されるなど日本の労働市場の規制緩和が一気に進められ、非正規雇用者の数は飛躍的に増大していく。

繰り返し説明しているとおり、いまや全労働者の約4割を、パートタイマーや派遣労働者などの非正規雇用者が占めるにいたっている。これにより、正社員の雇用はある程度守られることになったが、正社員より待遇の悪い非正規雇用者が増えたことで、労働者の所得はジリジリと下がっていった。一方、正社員のほうも雇用こそ守られたものの、ベースアップはほとんど行われなくなり、給料の伸びは止まった。その結果、日本経済を支えてきた所得中間層、いわゆる〝中流層〟がやせ細ってしまった。

第4章でも説明したとおり、非正規雇用の拡大は、最初から人件費削減のみを目的にしたものではなかった。規制緩和によって、硬直化した日本の労働市場を流動化させて、転職や新規就業を拡大し、副次的に賃金を高める効果も期待されていたのである。しかしながら、現実にはそのような積極的な効果はほとんど生まれず、ひたすら、賃金を抑制する方向に働いてしまった。

もともと派遣労働の自由化は、世界的な潮流の中で進められたものだった。日本が先行して行ったものではなく、むしろ欧米が先行して日本が追随した形になったものだ。そして皮肉にも欧米と日本とでは天と地ほどの差が生じているのである。

日本とオランダの違いはなぜ生まれたのか？

オランダの首都・アムステルダム郊外でパートタイマーの警察官として働くエファナーさん。彼女はシングルマザーとして11歳の子どもを育てており、子育てのため、一日9時間、週に平均3日程度という働き方をしている。日本であれば、厳しい生活を想像するかもしれないが、彼女はこの働き方で2500ユーロ（約35万円）の月収を得ている。

驚くべきことに、彼女だけがこのような高待遇を受けているわけではない。オランダでは、「同一労働同一賃金」が徹底されており、フルタイム労働者であろうとパートタイム労働者であろうと時間あたりの給料や福利厚生がまったく同じで、日本のようにパートタイマー＝非正規労働者、ではないのだ。つまり働く時間が短くても正規雇用労働者であり、短時間労働を選択しても十分に暮らせる仕組みになっているのだ。

パートタイマー警察官（写真右）として、週3日勤務で約35万円の月収があるエファナーさん。「プライベートがうまくいっていれば仕事の成果も上がる」と言う（©NHK）

ここまで聞くと、そのような働き方では、生産性が下がり、国全体の経済が衰退すると思われるかもしれない。しかし驚くべきことに、このオランダの国民一人あたりのＧＤＰは日本の１・４倍に上っているのだ。

ただオランダが始めからこのように、短時間労働に寛容だったわけではない。

オランダ社会が大きく変わるきっかけとなったのは、１９７０年代のオイルショックを伴う経済危機。多くの企業が倒産し、インフレ率も高くなり、失業率は９％にまで到達していた。

経済が混迷する中で、労働組合はインフレに伴った給料上昇を望む一方で、給料削減を考える企業側（雇用主団体）との対立は激化していった。１９８２年、事態が膠着する中で、政府が労働組合、雇用主団体によびかけ「ワッセナー合意」と呼ばれる協定を取り付けた。ワッセナー合意は、フルタイムワーカーの労働時間を短縮させ、雇用の確保・ワークシェアリングを進めること、仕事を分け合うことで雇用を守り、失業者を減らすことを目的とした。企業側も労働時間の削減の見返りに賃金の抑制を労働組合に認めさせた。そして政府は減税などに取り組んだ。この結果、オランダは「オランダの奇跡」と呼ばれるほどの経済回復をしていくだけでなく、「働き方改革」に社会全体が取り組んでいく契機となった。

女性の社会進出が「同一労働同一賃金」の礎となった

ワッセナー合意によって労働者の労働時間を短縮した分、賃金が抑制されたことは、オランダ社会に大きな変化をもたらした。それは女性の社会進出だった。それまでオランダでも男性が仕事をし、女性が家庭を守る専業主婦というモデルが一般的で1950年代から80年代における女性の就業率は30%台と低いものだった。しかしワークシェアリングによる時短勤務で男性の収入が減少すると、専業主婦だった女性が低賃金のパートタイマーとして家計を支えるケースが出てきたのだ。

この時にパートタイマーの待遇改善に動いたのがオランダ最大の組合員数約100万人の労働組合「FNV(オランダ労働組合連盟)」。このときの経緯についてロッドウィーク・

デ・ワール元議長（1997〜2005年議長）に取材した。

「1980年代の失業の増大によって、組合は会員数の減少に見舞われて困難な状況に陥りました。当初組合はパートタイム労働は存在するべきではないとどこかで思っていました。なぜならパートタイム労働を認めることによってフルタイム労働者の待遇が悪化することを懸念していたからです。しかしパートタイマーを認めないと言っているだけでは組合のメンバーは増えません。彼らの利益になるような政策を打ち出さなければなりません。そうすれば彼らはメンバーになります」

組合の組織力が低下する中で、組合は非正規のパートタイム労働者を組合員のメンバーに加えることで組織率の立て直しを図り、フルタイムの労働者とパートタイマーの待遇均衡を求めた。組合の要求に対して、人件費の増大を懸念していた雇用主団体も次第に考えを改めていった。

雇用主協会（VNO－NCW）のニック・バン・ケステレン元会長（1996〜2016年会長）はパートタイマー待遇改善の企業側の受け止めについてこう話す。

「女性のパートタイマーのメンバーが増えた労働組合から、フルタイムの労働者もパートタイムの労働者も時給以外の昇進や保険などの待遇を同じにするべきだという要望が相次ぎました。それは仕事と家庭生活を両立させる方法だからです。はじめは一部の雇用主が反発し、（待遇改善の）導入を阻止しました。しかし最終的にはこれに反対することが本当に重要なのかという考えに至ります。我々にとって、この社会にとってのメリットは何か？　これによって従業員の確保が容易になるか？　従業員は仕事に満足しているか？　それならば実践してみよう！　という動きになりました。

最終的には仕事の満足度と仕事をしたいという気持ちが非常に重要です。労働環境や企業の雰囲気は企業の運営において非常に重要です。いままでは私たち雇用主は、有意義な時間を過ごしている人々は有意義な時間を過ごしていない人々よりもパフォーマンスが優れていると信じています。そして平等に扱わなければ有意義な時間を過ごせない。つまり待遇改善をする必要があるという結論に至ったのです」

労使協調の中で1996年に、フルタイム労働者とパートタイム労働者の待遇格差を禁止する「労働時間差別禁止法」が制定。2000年には労働者側が時間あたりの賃金を維持したまま労働時間の短縮や延長を自己決定できる「労働時間調整法」が制定された。その結果、女性の社会進出は大幅に上昇し、OECD調査で就業率は2016年現在70％（日本は66％）まで上昇。そして平均労働時間は日本が1713時間であるのに対してオランダは1430時間（2019年）。一方で就業者一人あたりの労働生産性は日本が8万1183ドルであるのに対してオランダは11万4918ドル。オランダは、労働時間が少なくても労働生産性が高いのに対して、日本では長時間労働しているにもかかわらず労働生産性が低いという対照的な結果になった。

今日のオランダの労働改革と高い生産性を保つ礎となったのは、労働組合と企業（雇用主協会）の協調で社会政策を決めるオランダの政策決定のあり方だ。オランダでは政府・企業・労働組合で労働雇用環境についての政策を話し合う「ＳＥＲ（社会経済協議会）」が政府の最高諮問機関として位置づけられていて、労働組合・雇用主協会・政府（学術）関係者の政労使の代表者から成り立ち、政策決定に大きな影響を持っている。

それだけでなく、実際の交渉においても労使ともに歩み寄る姿勢を大切にしていることを労働組合連盟のデ・ワール元議長が教えてくれた。

「重要なのは相手の考えをあたまごなしに否定するのではなく、ともに利益となる解決策を模索することです。雇用者と労働者が恒常的に対立関係にあるのは、社会にとって何のプラスにもなりません。対立関係にある当事者の利益が何であるかを知り、双方にとって利益となる解決策とは何かを議論する。政労使は、こうした対話ができるプラットフォームを作り、できる限り対話の機会を持つべきです。なにも会議室など閉ざされた場所でなくても構いません。非公式な会合や食事や散歩でもいいのです。雇用主と労働者の間に信頼関係があれば、たとえ利害関係にあったとしても共通の利益を見つけることができるのです」

企業側を代表する雇用主協会のニック・バン・ケステレン元会長もこのように話す。

「企業は自立して存在しているのではなくて、あくまで社会の一部です。会社は社会的責任を負わなければいけません。従業員が円滑に仕事を進めるためには、病気が少なく、ストレスが少なく、仕事と家庭のよりよいバランスが保たれていることが重要です。そのほうが従業員が能力を発揮でき、最終的に企業の利益につながるのです。そうでなければ人々からの信頼や共感は失われ、社会システムは機能停止してしまいます。オランダのシステムは企業と他の利害関係者との間の協調のうえに成り立っています。企業だけでなく、国全体の幸福が重要です。幸福度は、人々が仕事に対して満足しているのか、十分な稼ぎがあるのか、そして自由な時間があるのか、で左右されます。それが重要なオランダの哲学です」

社員を幸せにすることが企業の使命と考える経営者

「労働時間差別禁止法」そして「労働時間調整法」が制定されて20年以上が経過したオランダでは、従業員の幸せこそが会社の利益をもたらすものだという考えが経営者の間ではなかば常識となっている。

アムステルダムから鉄道で1時間ほど走った郊外の町・ヒルフェルスムに本社を置くIT企業。ここでは従業員26人のうち17人がパートタイムで働き、フルタイムで働くのは9人。パートタイムで働く従業員の多くはもともとフルタイムで働いていたが、家族の事情や介護が必要になったのでパートタイムに切り替えたという。

この会社の雇用条件は最低週3日27時間以上働くこと。パートタイマーの多くは、週4日32時間から36時間で雇用契約を結んでいる。会社の戦力として週40時間で働いてきたフルタイム労働者がパートタイム労働者となることは経営的に大きく生産性を下げることにつながるのではないかと、経営者のニルスさんに聞くと、私たちが従業員に求めるのは労働時間での拘束ではなく、柔軟な働き方で得られる成果だと話をしてくれたうえで、こう続けた。

「正直に言うとパートタイムばかりの従業員で仕事を回すのは時にパズルのようです。しかし少なくとも私の経験では、従業員の生活の満足度は生産性を高めることにつながっています。なぜなら家庭の状況が整うことによって、子どもを学校に迎えに行くことができるか、などと心配をする必要がなくなります。従業員のウェルビーイングが確保されていると、彼らは自分の仕事に専念できます。反対に、病気の親や子どもの世話など家庭になんらかの問題があると、従業員はそれに気をとられてしまいます。

雇用主は、従業員の生産性と集中力を向上させるために、家庭の問題を解決できるように配慮することが大切です。私は、家庭問題が解決した後に、忠誠心の高い従業員がこれまで以上に積極的に会社に貢献してくれると信じています。労働時間の柔軟化によって、必要に応じて従業員が家庭を優先できるようになれば、最適な生産性を引き出すことができるのです」

こうした経営者の考えのもとにフルタイムからパートタイムへと労働時間を短縮させる働き方を選択した人がいる。ニルスさんの経営するIT会社でチームを任されている管理職にあたる役務を持つサンダー・カウウェン・ホーウェンさん（40歳）だ。彼は週4日の36時間勤務。8年前に長女が産まれたことをきっかけにフルタイムからパートタイム労働を選択した。現在は8歳、7歳、4歳の3人の娘の父親だ。週1日は3人の子どもの末っ子の世話のためにあてがう。また週2日はテレワークで在宅勤務を行う。出社した日も夕方5時になると必ず家に帰り、保育園に娘を迎えに行く。教育機関で働く妻のミリアムさん（40歳）も、出産を機にフルタイムからパートタイムに切り替えた。労働時間はサンダーさんはフルタイムの時の9割、妻・ミリアムさんは6割だが、世帯収入は夫一人がフルタイムで働く場合の1・4倍になるという。こうした子育て世代がフルタイム労働からパートタイム労働を選択し、家族との時間を優先する働き方はオランダでは一般的で「1・5モ

ホーウェン夫妻は、勤務形態をフルタイムからパートタイムに切り替えることで、夫1人がフルタイムで働く場合に比べて、1.4倍の給料を得ることができた（©NHK）

デル」と呼ばれる。サンダーさんは言う。「仕事はこれからまだ30年以上続きますが、子どもたちは毎年成長していきます。今の生活は二度と戻りません。だから子どもたちとの生活を第一に考えたいと思います」

同一労働同一賃金の先に生まれた新たな格差問題

こうして日本と比べて少ない労働時間でより高い労働生産性を実現したオランダだが、2010年以降、新しい格差問題が出現している。それはインターネット注文の食品デリバリーなど、企業と雇用関係を結ばないまま低賃金で働くギグワーカーの増加である。なかでもギグワーカーが社会的に問題となるのは、その担い手が、移民や定職につくことが難しい若者であることだ。いまオランダの政労使会議（SER）でも連日この新たな格差にどう直面するかが話し合われている。SERの労働組合代表として、ギグワーカーの待遇改善を提言するオランダ労働組合連盟（FNV）の理事ペトラ・ボルスターは次のように話をしてくれた。

「低賃金の仕事があり、賃金や待遇に格差のある社会は、社会全体のイノベーションを妨げてしまいます。私たち労働組合はより良い労働条件や権利が与えられるように尽力します。一部の人がたくさんお金を稼ぎ、労働者が不当に扱われるようなクレイジーな構造は存在してはならないのです」

オランダの成功から読み取れることは、パートタイム労働者であっても、会社は高い給料を払うこともできるし、フルタイム労働者とまったく変わらない高い生産性を出せる、そして労働者たちも自分たちのライフスタイルに合った働き方を選択できるという、意外な事実である。

いま一度、〝同一労働同一賃金〟の大原則に立ち返る

第2部の冒頭でも簡単に触れたが、実は、日本でも〝同一労働同一賃金〟の法律は整備されている。背景としては、非正規雇用労働者は正社員と比べて賃金が低い、能力開発の機会が乏しい、福利厚生等が不十分といった問題が長年解消されずにきたため、こうした

待遇差が、非正規雇用を選択しやすい女性や若者、高齢者の活躍を妨げ、世界的にみても大きな男女間賃金格差の一因として指摘されていることがある。

そこで同一企業内における正社員と非正規雇用労働者との間の不合理な待遇差を禁止することにより、均衡のとれた待遇の実現を目指したのが日本の同一労働同一賃金ルールだ。ルールが整備された経緯としては、2018年に成立した働き方改革関連法により、パートタイム労働法、労働契約法、労働者派遣法が一体的に改正され、これによりパートタイム労働者と有期雇用労働者の間で統一的な同一労働同一賃金ルールが「パートタイム・有期雇用労働法」に規定された（派遣労働者については、派遣先事業所の労働者との間でのルールが「労働者派遣法」に規定）。改正の主なポイントは、①不合理な待遇差の禁止　②労働者に対する待遇に関する説明義務の強化　③裁判外紛争解決手続きの整備で、この改正法は2020年4月から大企業、2021年4月からは中小企業にも適用されている。

日本においても良質な労働力の確保のため「同一労働同一賃金」に取り組む企業が次第に増えてきている。厚生労働省のウェブサイト（https://part-tanjikan.mhlw.go.jp/douitsu/）には多くの企業事例が載っているが、基本給を見直す企業、基本給以外の福利厚生などを見直す企業、など企業によって取り組み内容やレベルはさまざまだ。

私たち取材班は、なかでももっとも早い時期から同一労働同一賃金に取り組んできたイトーヨーカ堂に詳細取材をすることにした。

日本の〝同一労働同一賃金〟の先進事例：イトーヨーカ堂

イトーヨーカ堂は2006年に人事制度改革に着手し、非正規雇用で働くパートタイマーの待遇改善をはかった。背景にあったのは、従業員のうちパートタイマーの比率が高かったことだ（2006年当時で75・6％）。しかもパートタイマーは店舗の最前線で、接客や仕入れなどの売り上げに直結する仕事を担っていたため、店舗の売り上げを上げていくためにはこうしたパートタイマーの待遇改善が欠かせなかったのだ。

当時は、ちょうど消費の冷え込みなどによる業績の低迷もあり、本部がトップダウンで決める販売手法から、顧客ニーズに合わせて店舗主体で決める手法に転換した時期とも重なる。会社としても、その地域に暮らし、客に近い目線で働くパートタイマーの活躍がますます欠かせなかったという。

「本当に売り上げが厳しい時代を目前にした中で、一つひとつのお店の力をあげていくというところに注目した時に、そこで働いているパートナー社員（パートタイマー）の方々の能力を最大限に発揮し活躍してもらうという目的を持ってこの制度を導入したということになります」（尾城晃子人事室長）

そこでイトーヨーカ堂は、パートタイマーにも正社員と同様の人事評価制度に基づいた賃金改定を実施した。さらに、希望すればキャリアをどこまでも上げていける仕組みを整備した。まずパートタイマーに「レギュラー」「キャリア」「リーダー」という3段階の職能ステップを設け、ステップアップしていくにつれ時給も上がっていくようにした。加えて、一番上の「リーダー」となった後にはパートタイマーのままでも管理職になれるよう道を開き、さらにキャリアアップしたい人には準社員・正社員登用の道も開くことで、パートタイマーのキャリアを頭打ちにするような〝ガラスの天井〟を廃したのだ。

ただ、たとえ正社員と同じ仕事をしていても、「全く基本給が同じ」ということにはなっていない。

なぜなら、正社員は職務内容の変更や転居を伴うような異動もあるため、たとえ〝今は〟同じ仕事をしていても、そうした義務のないパートタイマーと基本給を同じにするわけにはいかず、どうしても差を付けざるを得ないのだ。ただ、管理職になると付与される手当については時給換算で正社員と同額になっている。つまり、正社員とは基本給に差があるものの、希望すればステップアップ・正社員登用にもチャレンジできるという仕組みを作ることで待遇改善をはかったのだ。

この制度により、2022年度末時点で、約2万3000人いるパートタイマーのうち約4700人が実際にステップアップをしている。またこれまで211人が正社員に登用されている（2014年の制度導入から2022年度末まで）。なかには正社員約5500人の中でも126人しかいない〝店長〟の座に就き、年収を大幅に増やした例も出てきている。

今回私たちは、パートタイマーとして働きながら管理職にキャリアアップした人を取材した。パートタイマーとして働きながらキャリアアップすることで、働き方や暮らしがどれくらい変わるのかを知りたいと考えたためだ。

責任感を持ち活き活きと働くパートタイマー

2022年夏、取材に入ったのは、横浜市にあるイトーヨーカドー食品館瀬谷店。ここでは3人のパートタイマーが管理職として働いていた。中でも最も長く働いているのが、人事労務担当の管理職、渡邊真由美さん（55歳）だ。

いったいどんな仕事を任されているのか。それを知るために、朝から仕事風景をのぞかせてもらった。

開店前の朝9時。渡邊さんは日課である店舗の見回りを始めた。さまざまな売り場やバックヤードで働く従業員一人一人の体調や身だしなみを細かくチェック、気になることがあれば声をかけていく。作業でエプロンに少し汚れのついてしまった従業員には「後で着

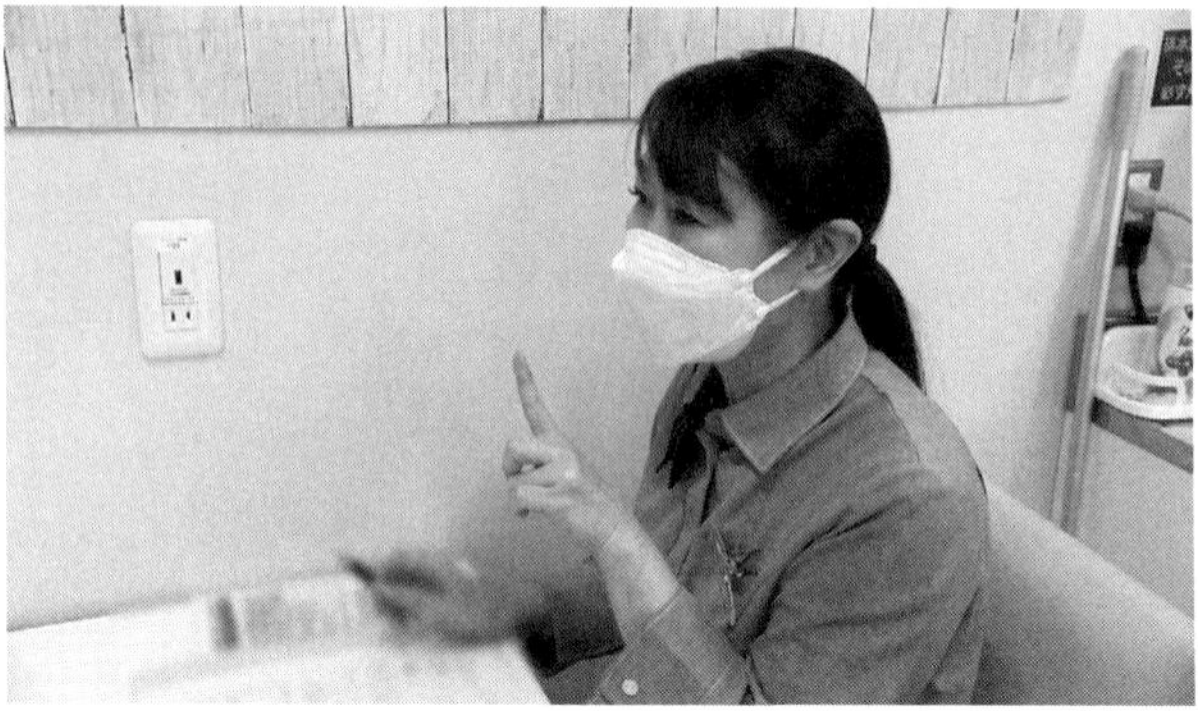

パートタイマー管理職として、店舗の人事労務を担当する渡邊真由美さん（55歳）（©NHK）

替えて大丈夫です」と声かけをする。またトイレに入ると、洗面台の上に季節ごとに工夫を凝らしているという手書きのメッセージカードを置いていた。こうしたところでも客とのコミュニケーションをはかりたいと、渡邊さん自身が考えて始めたのだという。

見回りが終わると、今度は、入ってまだ9ヵ月のパートタイマーへの定期面談が始まった。この日は、やることが多く優先順位の付け方が難しいという悩みが打ち明けられた。渡邊さんはアドバイスを行う。

「2つやることがもしあるとしたら、悩む前に、悩まないでできるほうを先に片付けてください。そうするとどうしよう、どっちを……とやっている間に少し業務が進むんです。これを終えてしまえば、あとは問題なく残りの1個をやればいい」

同じパートタイマーとしての経験を踏まえつつ、的確なアドバイスをしていく渡邊さん。同僚のパートタイマーから厚い信頼を得ているようで、この日面談を受けたパートタイマーも、「最初、正社員とばかり思っていたので、驚いていて。皆さん、話しやすいと思います。悩み事とかちょっと不安なこととかは渡邊さんに言う」と語っていた。他にも渡邊さんは、労使で行う安全衛生委員会にも出席するなど、〝管理職〟として責任のある仕事を任されていることがわかった。

さらに驚いたのは、店の売り上げアップのため、商品の展示方法についても自ら提案書を書きながら、他のパートタイマーも巻き込み、上司にプレゼンの場を作っていたことだった。この時期は2ヵ月後のハロウィーンの時期に向け、カットフルーツを使った展示案を作り、話し合いに持ち込んでいた。これまでにも、スパイスを使ったレシピの社内全国コンテストに向け自らレシピを考案したところ、渡邊さんが勤務する瀬谷店以外にも複数の店舗で販促のために展示されたこともあったそうだ。

「私が『こういう簡単なことでいいんだよ』というような見本になれたら、ほかのパートさんたちも声を上げやすくなると思うんです」

パートタイマー代表としての目線も持ちながら、管理職として「どう売り上げを上げていくか」という経営者視点も忘れず、主体的に店舗に貢献していく渡邊さん。間違いなく瀬谷店になくてはならない存在であることをひしひしと感じた。

制度ひとつが暮らしを変え、人を活かす

今は活き活きと働いている渡邊さんだが、この職場にくる前には苦労もあったという。かつては別の会社でパートタイマーとして一日7時間週5日働いていたが、49歳の時に突然、事業所がなくなってしまい職探しを始めた。50歳での就職活動は思いのほか厳しく、5〜6社ほど応募したが、書類を出しても連絡すらこないこともあり、途方に暮れていたのだという。今の渡邊さんの活躍ぶりを見ていると、「なんてもったいない……」と思ってしまう。

そんなときちょうどこの瀬谷店がオープンするということで募集があることを知り、当時はこうした人事制度は知らなかったが、「この歳でも働けるところがあるのがありがたい」と応募。無事に採用され、一日7時間週5日で働き始めた。イトーヨーカ堂では年に2回、自己評価と上司との面談による人事評価があり、条件を満たせばステップアップができる。渡邊さんもステップアップを希望し、2年後には「キャリア」に、さらにその1年後には「リーダー」に上がり、管理職になったのだった。管理職になる前後で比べると、時給は1割以上アップ、年2回の賞与も増額。年収は2割以上増えたという。

「きちんとした評価をいただけるというのは、やはりやりがいがあります。お給料が加給されて上がっていきますので、少し余裕ができると余暇の楽しみみたいなものもうまくできたりしますので」

こうした収入アップもさることながら、取材をしていて一番感じたのは、仕事に対するモチベーションが高いことだった。決められた業務を担うパートタイマーから、経営者視点を持った管理職に上がることで、主体的に店を盛り上げようとしている姿が印象的だった。まさにパートタイマーの待遇改善によって店舗の売り上げを上げていく、という会社の意図が成就していると感じた。

店舗での勤務経験が長いという尾城晃子人事室長も、人事制度改革の成果を実感してきたという。

「（パートタイマーは）本当にお客さんに一番近い立場にいますので、肌感覚で、次はこういった商品が売れるのではないか、お客さんがこんな反応でこんな商品を買っていった、そういったことを身をもって日々感じているので。やはりそこが結果として、売り上げ自体にも貢献されていると考えております」

この瀬谷店ではもう一人、まさに取材した時期に管理職に登用されたばかりの人もいた。渋谷真智子さん（42歳）。彼女は惣菜部門で働いてきたパートタイマーで、これまでは上司が決めたスケジュールに沿ってバックヤードで揚げ物などの惣菜を作っては品出しをするというのが業務内容だった。しかし管理職となると、いつ何をどれくらい売るのかといった販売計画を考えなくてはならない。

「楽しみ半分、不安半分です」

どちらかというと、強いプレッシャーを感じているようだったが、それでも管理職の研修を経てモチベーションを高めたようで、彼女なりに工夫を始めていた。一番大きな変化は、売り場に出る時に目線を上げるようにしたこと。これまでは品出しをするとき、どうしても並べた商品ばかりを見ていたが、今は商品を並べて整えたら、なるべく目線を上げ、客と目が合うように意識している。こうして客が話しかけやすい雰囲気を作ることで、また来てもらえるようになるのではと考えた。そして客と会話する中でニーズをキャッチすることもできるのだという。

実際、「唐揚げはできたてはいいけど、時間がたつとちょっとシナシナになるのよね」という客の声を聞いたことから、早めに値引き判断をするようにしたこともあった。ほかにも渋谷さんは、自分で作ったことのない惣菜についての勉強も始めていた。これからは惣菜全体を見なければならないからだ。そのため、会社で提供されているさまざまな動画を活用して、米の炊き方、寿司のネタの切り方などを学んでいた。こうして渋谷さんは管理職になるにあたり、最初は「無理」と思っていたが、だんだんと「できることを考えよう」とシフトしていったのだという。

仕事への向き合い方とモチベーションが変わった渋谷さん。プライベートにも変化があった。

「思い切ってテキストを買ったんです」

収入が増えたことで少し余裕ができ、これまで興味があったがなかなか取り組めなかった資格試験の勉強を始めたのだ。

今回、この瀬谷店も含めて全部で3店舗・6人のパートタイマー管理職を取材したが、それぞれが責任ある仕事を任され、プレッシャーを感じながらも活き活きと働いていた。

都内の大型店舗でサービスカウンターのチーフとして働く前田さん（50歳女性）は、「プラス一品買っていただくために」と父の日などのイベントに合わせてプレゼントになりそうな商品展示を工夫していた。神奈川県相模原市の大型店舗で商品管理マネージャーとして働く加藤さん（44歳男性）は、長年さまざまな売り場を担当してきた経験を活かして、店舗で扱う荷物の窓口業務を担い、責任を持って働いていた。また同じ店舗で、青果チーフになったばかりの築紫さん（37歳女性）は、野菜の発注を任され、「品切れになるのが一番良くない」と前日の売り上げや天気などのデータを見ながら業務に取り組んでいた。また、前出の瀬谷店で新たに青果チーフになった池田さん（49歳女性）は、カットフルーツなどの加工時間を計算しながら、人員配置を考えていた。

本格化する同一労働同一賃金の取り組み

ここまで聞くと、「それならば正社員に登用したら良いのに」「パートタイマーのまま管理職をやらせるのはやりがい搾取なのでは」という声をあげたくなる読者もいるかもしれない。

しかし取材をして分かったのは、皆が皆、「ステップアップ」や「正社員登用」を希望するわけではないということだった。今回取材した方々も皆、正社員登用は希望していないと答えていた。

というのも、日本では、正社員になると職務変更や転勤をどうしても受け入れざるを得ない場合が少なくない。それゆえに、「今の職務なら良いが、また別の職務を最初からやるのはハードルが高い」「家族の関係で転勤をしたくない」などの理由で、いくら待遇が良くなるとしても正社員登用を希望しないというのだ。

会社としても、こうしたそれぞれのライフスタイルや希望に応じて〝選択できる〟制度に整備していくことに最も腐心したようだった。

イトーヨーカ堂の同業他社でもこの同一労働同一賃金の動きは加速しているようだ。総合スーパーを展開するイオンリテールは、2023年2月下旬、売り場の責任者を務めるパートタイマーの待遇を正社員と同等にする制度を導入してメディアを賑わせた。対象は、月120時間以上働き、昇級試験に合格したパートタイマー。基本給や賞与のほか、これまで支給されていなかった退職金や子育て支援などの諸手当についても、地域を限定して働く正社員と同水準にするという。

少子高齢化の進展により、今後は、若い年齢層の労働者が不足すると予測されており、人材獲得が急務となっている。これまでのように人を〝コスト〟と捉え、使い捨てるような雇用を続けていては、企業も労働者もともに疲弊していってしまう。「同一労働同一賃金」をきっかけに、人を〝財産〟として捉えていく時代になることを願う。

【エピローグ】ミドルクラス　150年の課題

なぜ日本は輝きを失ったのか？

デフレと景気低迷、低賃金の悪循環がもたらした日本経済の低空飛行は、「失われた10年」から、「20年」を過ぎて、「失われた30年」とまで言われるようになった。最近では〝日本病〟という言葉さえ聞こえてきた。かつて、世界を席巻した大英帝国が停滞する姿を「イギリス病」と称したことにちなんだ表現だと思われるが、奇しくもイギリスが停滞期に入っていた1960年代、日本は高度経済成長の真っ只中にあった。高度成長からバブル景気へ。世界に脅威と羨望を与えた日本が、30年の時を経て、〝日本病〟に陥ることになるなど、私たちはどれだけ想像できただろうか。ましてや、日本の実質平均賃金が、かのイギリスよりも、今では年額で約1万ドルも下回ってしまうことまで。

日本はなぜ長期停滞してしまったのか。取材を続けるなかでわかってきたのは、日本の雇用システムが世界のスタンダードとはかなり異なる、ということだった。日本型の企業経営は、かつてアメリカの社会学者エズラ・ヴォーゲルから「ジャパン・アズ・ナンバーワン」と高く評価されたが、そのベースにあるのは、日本型雇用システムともいうべき新卒一括採用、年功賃金、終身雇用だ。この恩恵を最も多く受けてきたのが、所得中間層、いわゆる〝中流〟層である。日本の企業の多くが、この30年の間、国際競争力を持つ商品やサービスを生み出せず稼げなくなっていることと、日本型雇用システムが欧米と違うこととの間には、密接な関係があるのではないか。ドイツやオランダの雇用のあり方に着目したのは、そうした問いかけからだった。本書でも繰り返し記したように、ドイツが成長を遂げてきた大きな要因は、労働者が企業の中で稼げる部門へ移動したり、成長の見込みのない企業から成長企業へ移動したりすることで、生産性を高めてきたからだ。

一方、日本では長らく課題とされてきた産業構造の転換もなかなか進まず、企業の収益はもっぱらコスト削減によって見出されてきた。中流の象徴とも言うべき正社員の賃金は抑制され、第4章でも紹介した「派遣法改正」で、低賃金の非正規雇用が拡大された。それで企業は守られたのかもしれないが、所得中間層がしわよせを受ける形となった。かつて輝きを放った日本型雇用システムは、今では、労働者の生産性を高め、中流の暮らしを良くするものとしては、十分に機能しなくなっているのではないか。

１５０年前にもあった〝中流危機〟

中流とは、その浮き沈みが雇用システムの善し悪しに左右されがちな層である以上、中流復活のためには、どんな改革が必要なのか。

　歴史に目を転じれば、〝中流危機〟は150年前にもあった。幕末の日本では、運命共同体のような「藩」という〝会社〟の中で守られていた雇用が、近代化という世界的なイノベーションの波にさらされた。このグローバリズムに乗り遅れないために、社会変革を迫られたのが明治維新である。この時、中流の行方に着目したのが福澤諭吉だった。当時のベストセラー『学問のすすめ』の中で、「国の文明は……必ずその中間より興りて、衆庶の向かうところを示し」得る人材が必要だと力説する。福澤は、その担い手を「ミッヅルカラッス」(middle class)と呼んでいる。新しい日本を作るイノベーションを生み出すためにはミドルクラスを分厚くすることが大事であり、そのために必要なのが、学問だと説いたとも言える。

　今、世界では、デジタル分野のプラットフォーマーや、クリーンなエネルギーを活用するグリーントランスフォーメーションなど、従来のモノづくりにとらわれない新産業が次々と生まれている。福澤諭吉流にいえば、ミドルクラスが学問(リスキリング)に励み、イノベーションを起こせば、新しい産業を興すことができる。企業が稼ぐ力を取り戻せば、それが中流復活という好循環を生み出す。「学問のすすめ」、すなわち「学び直し」こそが〝中流再生〟のカギとなることは歴史が物語っている。

企業依存からの脱却

さて、カギを握る「リスキリング」だが、企業にその責任を負わせるだけでよいのだろうか。ドイツでは、企業と政府、労働組合がリスキリングの費用や役割をどう分担するか、議論を重ねてきた。日本では、政労使の間で役割に関するコンセンサスが取れているとは言いがたい。経済学者の諸富徹氏はこう釘を刺す。「政府がリスキリング支援に予算をつけて政策を進めようとしていることは高く評価すべきだが、労働移動の際の失業給付や、生活を支えるための住宅補助とか家族手当など、教育訓練に集中できる政策を体系的に整えないと成功しないと思います」。

リスキリングだけではなく、人材登用や採用のあり方も、変えていく必要がありそうだ。日本の企業で重視されてきた労働者のスキルは、入社後にＯＪＴを重ね、配置転換を繰り返す中で培う均一でオールラウンドの能力だった。大量生産・大量消費することで経済成長する時代には、スペシャリストよりもゼネラリストの方が適していたため、真っ新なキャンバスのような新卒の若者を一括採用する方が理にかなっていたのかもしれない。新卒一括という単線の採用法であれば、企業は偏差値で序列化された大学の上位校から多くを採用し、学生もまた、何を学ぶかよりも、高い「学歴」を得ることをより重視してきた。

今、企業は新たなイノベーションを生み出すためにも、創造性のある人材や即戦力を求め始めている。「学歴」という単線の判断だけでなく、どんなスキルを持っているのか、という複線の判断をしていくのだろう。そのためには、大学入試のあり方も、一般、推薦だけでなく、何を学びたいのかという意欲を重視した総合型選抜や、編転入など多様に複線化していくことが、さらに求められていくのかもしれない。

ドイツは第4次産業革命「インダストリー4・0」という大きなビジョンを掲げて、国を挙げて労働市場を流動化させている。オランダは、政労使の長い議論の果てに「同一労働同一賃金」を成し遂げてきた。もちろん、賃金アップをともなって。さて、日本は……。「失われた40年」と呼ばれないためにも、今から何をすべきなのか、ミドルクラスをめぐる世界の動向と歴史が、雄弁に語っている。

最後になるが、本書はNHKの組織内の垣根を超え、報道局、大阪放送局、プロジェクトセンター、第2制作センター、NHKエデュケーショナルの多様な取材陣が集まり、長い議論をもとに制作した番組を基にしている。〝中流危機〟という切り口から停滞する日本の出口を探る、という難しいテーマであり、厳しい家計や会社の雇用環境など、公開されてもメリットをともなわないとしか思えない方々への取材や撮影は困難を極めた。そのなかで番組の意図を汲み取っていただき、取材にご対応いただいた方々の誠意には感謝の言葉しかない。本来であれば、一人一人お名前を挙げて御礼を申し上げたいところだが、紙数の限りもあり、この場を借りて関係各位に謹んで御礼申し上げる。

NHKエデュケーショナル　チーフ・プロデューサー　浜田裕造

主な参考文献

【第1部】

岩田幸基『現代の中流階級　意識と生活のギャップを探る』日経新書
エズラ・F・ヴォーゲル著、広中和歌子／木本彰子訳『ジャパンアズナンバーワン』TBSブリタニカ
小熊英二『日本社会のしくみ』
玄田有史編『人手不足なのになぜ賃金が上がらないのか』
駒村康平『中間層消滅』角川新書
酒井正『日本のセーフティーネット格差』慶應義塾大学出版会
下田裕介『就職氷河期世代の行く先』日経プレミアシリーズ
新・日本的経営システム等研究プロジェクト編著『新時代の「日本的経営」――挑戦すべき方向とその具体策――』日本経営者団体連盟
諏訪康雄『雇用政策とキャリア権――キャリア法学への模索』弘文堂
高梨昌編著『第三版　詳解　労働者派遣法』エイデル研究所
橘木俊詔『企業福祉の終焉』中公新書
永濱利廣『日本病』講談社現代新書
橋本健二『中流崩壊』朝日新書
橋本健二『アンダークラス2030　置き去りにされる「氷河期世代」』毎日新聞出版
濱口桂一郎『日本の労働法政策』労働政策研究・研究機構
濱口桂一郎『新しい労働社会』岩波新書
濱口桂一郎『ジョブ型雇用社会とは何か』岩波新書

樋口美雄、石井加代子、佐藤一磨『格差社会と労働市場』慶應義塾大学出版会
広井良典『日本の社会保障』岩波新書
宮川努『生産性とは何か』ちくま新書
八代充史・牛島利明・南雲智映・梅崎修・島西智輝編『新時代の「日本的経営」』オーラルヒストリー』慶應義塾大学出版会
山田久『賃上げ立国論』日本経済新聞出版社

【第2部】

一般財団法人1more Baby応援団『18時に帰る「世界一子どもが幸せな国」オランダの家族から学ぶ幸せになる働き方』(プレジデント社)
岩本晃一『AIと日本の雇用』(日本経済新聞出版社)
経済産業省「第2回　デジタル時代の人材政策に関する検討会」資料2－2　石原委員プレゼンテーション資料　https://www.meti.go.jp/shingikai/mono_info_service/digital_jinzai/pdf/002_02_02.pdf
後藤宗明『自分のスキルをアップデートし続ける　リスキリング』(日本能率協会マネジメントセンター)
権丈英子『ちょっと気になる「働き方」の話』(勁草書房)
田牧大祐・佐々木伸明『中小企業経営者のためのRPA入門　RPA導入を成功させる方法』(幻冬舎メディアコンサルティング)
内閣官房　新しい資本主義実現本部事務局『賃金・人的資本に関するデータ集』
https://www.cas.go.jp/jp/seisaku/atarashii_sihonsyugi/kaigi/dai3/shiryou1.pdf
ボッシュ株式会社　中途採用特設サイト「ソフトウェアエンジニア育成に向けたリスキリング強化――大変革を迎える自動車業界で、競争力を高めるために」

https://saiyo.boschjapan-brandtopics.jp/mid-career/pickup/coverage-content06.html
松元崇『日本経済　低成長からの脱却　縮み続けた平成を超えて』（ＮＴＴ出版株式会社）
水島治郎『反転する福祉国家　オランダモデルの光と影』（岩波書店）
諸富徹『資本主義の新しい形』（岩波書店）
山本陽大『第四次産業革命と労働法政策――〝労働４・０〟をめぐるドイツ法の動向からみた日本法の課題』（労働政策研究・研修機構）
『Business Labor Trend　２０２２年４月号』より　基調講演「同一労働同一賃金」ルールについて　厚生労働省雇用環境・均等局　有期・短時間労働課長　牧野利香（独立行政法人　労働政策研究・研修機構）

著者略歴

浜田裕造（はまだ・ゆうぞう）

NHKエデュケーショナル　チーフ・プロデューサー

1967年埼玉県生まれ。1992年NHK入局。福祉や社会情報番組を担当し、福祉ネットワーク『緊急点検・日本のセーフティーネット』で、医療や介護の現場を取材。NHKスペシャル『セーフティーネット・クライシス～日本の社会保障が危ない～』、クローズアップ現代＋『〝コロナ失業〟職業訓練は雇用を救えるか』など社会政策や雇用についても継続的に取材制作。共同執筆に「地域切り捨て　生きていけない現実」（岩波書店　金子勝・高端正幸編著）。

小笠原卓哉（おがさわら・たくや）

NHK報道局　報道番組センター　社会番組部　チーフ・プロデューサー

1979年岩手県生まれ。2003年NHK入局。NHKスペシャル『阪神・淡路大震災10年　焼け跡のまちは、いま～鷹取商店街　再生の記録～』『スクープドキュメント　〝核〟を求めた日本～被爆国の知られざる真実～』『巨大津波　知られざる脅威』『3・11　あの日から2年　わが子へ～大川小学校　遺族たちの2年～』『老衰死　穏やかな最期を迎えるには』『アインシュタイン　消えた〝天才脳〟を追え』『安倍元首相銃撃事件と旧統一教会～深層と波紋を追う～』などの番組を制作。

佐々木良介（ささき・りょうすけ）

NHK報道局　社会部　記者

1981年鳥取県生まれ。2014年NHK入局。鳥取局と広島局を経て、現在の社会部で勤務。鳥取局では事件や北朝鮮による拉致問題を、広島局では事件や原爆取材などを担当。社会部では北朝鮮による拉致問題のほか労働問題などを担当している。

横里征二郎（よこさと・せいじろう）

ＮＨＫ大阪放送局　コンテンツセンター第３部　チーフ・ディレクター

１９８１年東京都生まれ。２００４年ＮＨＫ入局。ＮＨＫスペシャル『〝中流危機〟を越えて』の企画を開発し、「第１回　企業依存を抜け出せるか」の取材・制作を担当。その他、ＮＨＫスペシャル『忘れられた戦後補償』『かくて〝自由〟は死せり〜ある新聞と戦争への道〜』『変貌するＰＫＯ　現場からの報告』などを制作。

柚木映絵（ゆのき・てるえ）

ＮＨＫプロジェクトセンター　ディレクター

１９８６年東京都生まれ。２０１０年ＮＨＫ入局。広島局のあと制作局・福祉班に所属し、『ハートネットＴＶ』、セルフドキュメンタリー番組『ＢＳ１スペシャル　ラストトーキョー〝はぐれ者〟たちの新宿・歌舞伎町』、エンターテインメント番組『阿佐ヶ谷アパートメント』などを制作。２０２１年から現職。本書の番組をきっかけにリスキリングを継続取材し、クローズアップ現代『収入アップ？いつ学ぶ？　リスキリングは職場に浸透するか』を制作。

山浦彬仁（やまうら・よしひと）

ＮＨＫ第２制作センター 社会　ディレクター

1986年東京都生まれ。2011年NHK入局。ETV特集『すべての子どもに学ぶ場を～ある中学校と外国人生徒の歳月～』『さらば!ドロップアウト　高校改革1年の記録』『暮らしと憲法　第2回　外国人の権利は』など教育・福祉の現場を継続的に取材。本書の取材でドイツ・オランダの労働環境の変化を目の当たりにし、帰国後、クローズアップ現代『収入アップ?いつ学ぶ?　リスキリングは職場に浸透するか』『密着!賃上げ交渉　私たちの給料は上がるのか?』を制作。

宮崎良太（みやざき・りょうた）

NHK報道局　社会部　記者

1987年東京都生まれ。2012年NHK入局。山形局で人口減少や地域振興、社会保障分野の取材に従事。社会部に異動後は検察・東京地検特捜部担当として日産事件や脱税、政治汚職の事件を取材。その後、厚生労働省を担当。主に労働や生活分野を担当し、コロナ禍での雇用不安や生活困窮、就活などの人材分野の取材を続ける。おはよう日本『沈む中流』特集シリーズやNHKスペシャル『〝中流危機〟を越えて』の取材後は、物価高や賃上げのテーマを継続的に取材。

村田裕史（むらた・ひろふみ）

NHK大阪放送局　コンテンツセンター第3部　ディレクター

1989年東京都生まれ。2011年NHK入局。北九州局、報道局スポーツ情報番組部を経て現職。野球、ボクシング、競馬、パラ陸上など、アスリートや監督を追ったドキュメンタリーの制作にあたる。2020年から現職。スポーツ以外にも、阪神・淡路大震災、大阪教育大附属池田小事件、就職氷河期世代の雇用問題など幅広いテーマの番組制作を担当。

中村幸代（なかむら・ゆきよ）

ＮＨＫ報道局　報道番組センター　政経・国際番組部　ディレクター

１９９０年愛知県生まれ。２０１５年ＮＨＫ入局。初任地の北九州局で子どもの貧困や単身高齢者の住まいの貧困を取材し、格差社会に問題意識を持つ。福岡局を経て、報道番組センター所属。コロナ禍で浮き彫りになった外国人労働者や女性の雇用環境について、目撃！にっぽん『泣き寝入りはしない～密着〝コロナ切り〟との闘い～』、ＮＨＫスペシャル『コロナ危機　女性にいま何が』を制作。おはよう日本『沈む中流』特集をシリーズで企画したことをきっかけに、本書の番組を制作。

馬宇翔（ま・うしょう）

ＮＨＫ大阪放送局　コンテンツセンター第３部　ディレクター

１９９４年神奈川県生まれ。２０１８年ＮＨＫ入局。これまで生活保護などの社会保障制度や、就職氷河期世代の生活などを取材。コロナ禍の社会福祉協議会を追ったストーリーズ『だれも独りにさせへん～コロナ禍の冬　苦闘の記録～』や、大阪の少年野球チームに密着した『ドキュメンタリー 春　自分でせなあかん！～〝野球おばちゃん〟と子どもたち～』などを制作。

講談社現代新書　2716

中流《ちゅうりゅう》危機《きき》

二〇二三年八月二〇日第一刷発行　二〇二三年一一月八日第五刷発行

著者　NHK《エヌエイチケイ》スペシャル取材班《しゅざいはん》

発行者　髙橋明男

発行所　株式会社講談社

東京都文京区音羽二丁目一二―二一　郵便番号一一二―八〇〇一

電話　〇三―五三九五―三五二一　編集（現代新書）

〇三―五三九五―四四一五　販売

〇三―五三九五―三六一五　業務

装幀者　中島英樹／中島デザイン

印刷所　株式会社KPSプロダクツ

製本所　株式会社国宝社

定価はカバーに表示してあります　Printed in Japan

N.D.C. 302　236p　18cm

ISBN978-4-06-533253-5

「講談社現代新書」の刊行にあたって

教養は万人が身をもって養い創造すべきものであって、一部の専門家の占有物として、ただ一方的に人々の手もとに配布され伝達されうるものではありません。

しかし、不幸にしてわが国の現状では、教養の重要な養いとなるべき書物は、ほとんど講壇からの天下りや単なる解説に終始し、知識技術を真剣に希求する青少年・学生・一般民衆の根本的な疑問や興味は、けっして十分に答えられ、解きほぐされ、手引きされることがありません。万人の内奥から発した真正の教養への芽ばえが、こうして放置され、むなしく滅びさる運命にゆだねられているのです。

このことは、中・高校だけで教育をおわる人々の成長をはばんでいるだけでなく、大学に進んだり、インテリと目されたりする人々の精神力の健康さえもむしばみ、わが国の文化の実質をまことに脆弱なものにしています。単なる博識以上の根強い思索力・判断力、および確かな技術にささえられた教養を必要とする日本の将来にとって、これは真剣に憂慮されなければならない事態であるといわなければなりません。

わたしたちの「講談社現代新書」は、この事態の克服を意図して計画されたものです。これによってわたしたちは、講壇からの天下りでもなく、単なる解説書でもない、もっぱら万人の魂に生ずる初発的かつ根本的な問題をとらえ、掘り起こし、手引きし、しかも最新の知識への展望を万人に確立させる書物を、新しく世の中に送り出したいと念願しています。

わたしたちは、創業以来民衆を対象とする啓蒙の仕事に専心してきた講談社にとって、これこそもっともふさわしい課題であり、伝統ある出版社としての義務でもあると考えているのです。

一九六四年四月　野間省一